Flintshire Library Services

C29 0000 1209 127

# Y PRESELAU

Gwlad Hud a Lledrith

M O 7/17

1 1 DEC 2017

Elis-Gruffydd, Dyfed
Preselau, Y

MO

I Irfon a Mair,
am eu caredigrwydd a'u haelioni

# Cynnwys

# Rhagymadrodd

Mudandod a'n trawodd gyntaf ar ôl cyrraedd y clogwyn, y mudandod sy'n perthyn i ehangder ac ysblander golygfeydd … Wil oedd y cyntaf i dorri ar y distawrwydd: 'a dyma ni ym mro ein plentyndod', meddai ef, 'a Cherrig Marchogion yn gwylio'r canrifoedd fan acw'. Clywem naws y cynfyd o'n hamgylch a'r awel denau fel petai'n hygar adrodd gwrhydri'r dyddiau a fu. Dyma fan i synhwyro urddas pendefigion fel Pwyll, a dyma'r fan i '"gofio am y pethau anghofiedig" fel y soniodd Waldo', meddai Wil wrth edrych o gwmpas.

Rhan o'r sgwrs a fu rhwng Wil Glynseithmaen (W. R. Evans) a Llwyd Williams ar gopa Foel Cwmcerwyn. Fe'i cofnodir gan E. Llwyd Williams yn ei gyfrol, *Crwydro Sir Benfro: Yr Ail Ran* (1960).

'Now turn the head. Confronting Llŷn to the south, across seventy miles of heaped-up water, is the long rocky headland of Pembrokeshire, running to the claw-tip at St David's Head, with the magic mountains of Preseli hanging inland like a haze.'

Gwyn Jones, *A Prospect of Wales* (1948)

Pe na bawn i wedi cael y cyfle i eistedd wrth draed Arthur ('Gus') Harris, y Gamaliel ysbrydoledig hwnnw a ddysgai ddaeareg a daearyddiaeth yn Ysgol Ramadeg Castell Cyfarthfa, Merthyr Tudful, 'slawer dydd, ni fyddai wedi bod yn bosibl i mi ymgymryd â'r dasg o lunio'r gyfrol hon. Ef, yn anad unrhyw ŵr neu wraig arall, a'm darbwyllodd i astudio daeareg a daearyddiaeth ffisegol. Ar ôl graddio, maes fy ymchwil ôl-raddedig oedd hanes rhewlifol Bannau Brycheiniog, Fforest Fawr a'r Mynydd Du a hynny dan gyfarwyddyd cadarn yr Athro Eric H. Brown, awdur *The Relief and Drainage of Wales* (1960), astudiaeth gampus o esblygiad tirwedd Cymru a gyflwynodd yn briodol ddigon 'To my Welsh wife'. Wrth ddarllen y gyfrol honno y deuthum yn ymwybodol, am y tro cyntaf am wn i, o fodolaeth 'the Presely hills ... the westernmost high summits of Wales', copaon a hawliai fwy o gyfeiriadau nag unrhyw ucheldir arall ym mynegai'r llyfr.

Yn 1966, chwe blynedd wedi ymddangosiad cyfrol Brown, fe gyhoeddwyd yn *Y Gwyddonydd* erthygl gan yr Athro O. T. Jones (1878–1967) a oedd yn dwyn y teitl 'Cerrig Llwydion Carn Meini'. Cymro Cymraeg oedd O. T. a gafodd ei eni yn Beulah, ger Castellnewydd Emlyn, a hynny o fewn golwg Carn Meini, un o garnau mwyaf adnabyddus y Preselau. Ei erthygl ef, yr unig astudiaeth Gymraeg ei hiaith i fynd i'r afael â hanes 'cerrig gleision' y Preselau sy'n rhan o adeiladwaith Côr y Cewri ar Wastadedd Caersallog, a blannodd y syniad yn fy mhen mai braf o beth fyddai dilyn ei gamre er mwyn pwyso a mesur p'un a oedd ei ddadleuon ef a llu o awduron eraill parthed hynt y meini yn taro deuddeg.

Ar y pryd, roedd Sir Benfro yn gyffredinol a 'magic mountains' y Preselau yn benodol yn *terra incognito*. Ond yna, yn dilyn fy mhenodiad yn Bennaeth Adran Gyhoeddusrwydd Awdurdod Parc Cenedlaethol Arfordir Penfro yn 1973, cefais gyfle i wireddu fy mreuddwyd ac ymgyfarwyddo ag agweddau eraill, heblaw daeareg, o hanes a chyfaredd yr ucheldir, yn enwedig ei archaeoleg (gan gynnwys archaeoleg ddiwydiannol), chwedlau, cadwraeth a'i Gymreictod. Drwy gerdded y tir gannoedd o weithiau dros gyfnod o ddeugain a mwy o flynyddoedd – ambell waith yng nghwmni daearegwyr amatur a phroffesiynol, naturiaethwyr a thrigolion lleol – deuthum yn fwyfwy ymwybodol o'r ffaith fod y ffin rhwng ffaith a ffuglen, y byd real sydd ohoni a'r arallfyd dychmygol yn hynod denau ac annelwig. Oes tystiolaeth gadarn i brofi mai trigolion y cynfyd fu'n gyfrifol am

lusgo'r 'cerrig gleision' bob cam o'r Preselau i Wastadedd Caersallog yng nghanolbarth de Lloegr? A fu chwarel Rosebush erioed 'fel cwch gwenyn' ac yn allforio ei llechi 'i begynau'r byd', heb sôn am gyflenwi llechi i'w gosod ar do'r Senedd yn Llundain? Ai protestiadau hyglyw preswylwyr y Preselau a achubodd y bryniau rhag rhaib y Fyddin Brydeinig? A yw 'Preseli cu' Waldo a W. R. Evans yn gadarnle'r iaith Gymraeg?

Y gwir amdani yw ei bod hi'n haws credu ym modolaeth Tylwyth Teg y Frenni Fawr neu ymdrechion Culhwch i ennill llaw Olwen na haeriadau ffansïol a damcaniaethau di-sail rhai o'r unigolion hygoelus hynny sydd wedi traethu ar y pynciau uchod. Ystrydeb flinedig yw cyfeirio at y Preselau fel 'gwlad hud a lledrith' ond dan ddylanwad hudoliaeth honedig y bryniau mae nifer o fythau a chwedlau'r fro wedi magu statws ffeithiau diymwad. Ymgais yw'r llyfr hwn, nid yn unig i unioni'r cam hwnnw drwy nithio'r gwir rhag y gau ond hefyd gynnig portread o rin a rhamant 'copaon uchel mwyaf gorllewinol Cymru'.

Mae'r Mynegai yn cynnwys cyfeirnodau grid cenedlaethol yr enwau lleol a grybwyllir yn y gyfrol fel y gall y darllenydd, gyda chymorth y mapiau Arolwg Ordnans 1:25,000 perthnasol, gael hyd iddynt naill ai yng nghlydwch ei gartref neu yn y maes. Y map pwysicaf o ddigon yw *OL35 North Pembrokeshire / Gogledd Sir Benfro.*

# Diolchiadau

Pleser yw cydnabod cymorth amhrisiadwy yr unigolion a'r sefydliadau a ganlyn:

Alison Davies, Cwmni Mapio Cyf., Llandudno

Brian a Hafwen Davies, Tafarn Sinc, Rosebush

Dyfed Davies, Pantithel, Mynachlog-ddu

Y Parchedig Eirlys Gruffydd am eu gwybodaeth am chwedlau gwerin y Preselau

Bedwyr John, Mansel Davies a'i Fab, Cyf., Llanfyrnach

Dr Brian John, Cilgwyn, Trefdraeth

Granville John, Chwarel Trefigin, Eglwys Wythwr

Geraint Jones, Swyddog Gwarchodaeth Fferm Awdurdod Parc Cenedlaethol Arfordir Penfro

Wyn Owens, Mynachlog-ddu; Iwan Dafis, Llandudoch; a Wynmor Owen, Trefdraeth am eu caniatâd i gynnwys lluniau o enghreifftiau o'u gwaith celf yn y llyfr

Steve Robinson a Wendy Lloyd, Parc Gwyliau Rosebush

Julia Sorrell am ei chaniatâd i atgynhyrchu'r darlun o eiddo ei thad, Alan Sorrell

Staff Adran Mapiau a Phrintiau Llyfrgell Genedlaethol Cymru, Aberystwyth

Staff Archifdy Sir Benfro, Hwlffordd

Staff Comisiwn Brenhinol Henebion Cymru, Aberystwyth

Julie Trier am ei gwybodaeth am ffynhonnau'r Preselau

Mawr yw fy nyled hefyd i gyngor Luned Whelan, i Huw Meirion Edwards am brawfddarllen y testun ac yn bennaf oll i Elinor Wyn Reynolds, golygydd llyfrau Cymraeg i oedolion Gwasg Gomer am ei charedigrwydd, ei hynawsedd a'i chymorth parod, ac am sicrhau bod y gyfrol yn gweld golau dydd. I Gary Evans, Gwasg Gomer, yn benodol y mae'r diolch am ddiwyg hardd y gyfrol a dyledus wyf i'r wasg yn gyffredinol am ei gwaith glân arferol. Wrth reswm, mae fy nyled i Siân yn anfesuradwy ac oni bai am ei chefnogaeth a'i hamynedd mae'n amheus iawn gen i a fyddwn i wedi llwyddo i gau pen y mwdwl. Bu anogaeth ambell gyfaill agos hefyd o help mawr i gadw fy nhrwyn ar y maen.

Am bob diffyg a bai, beier yr awdur.

Dyfed Elis-Gruffydd
Mai 2017

# Gwlad beirdd, llenorion ac artistiaid

'Mynydd Preselau', Thomas Parry; 'Presely', E. Llwyd Williams; 'Preseli' Waldo Williams – tair cerdd yn ymdrin ag agweddau ar yr un ardal nad oes cytundeb ynglŷn â sillafiad ei henw. Mae'n debyg mai *pres* (o *prys* 'prysglwyn') a *Seleu* (amrywiad ar Selyf) yw tarddiad yr enw. Gan hynny, 'Preseleu' a geir yn *Enwau Lleoedd* Ifor Williams, yr ysgolhaig na fedrai byth drafod enwau lleoedd heb gofio sylw a wnaeth ei hen athro, Syr John Morris-Jones, pan ofynnodd iddo beth oedd ei farn ar ystyr enw lle arbennig: ''Fydd 'na neb ond ffyliaid yn treio esbonio enwau lleoedd!'

*Preselau George Owen*
Rhan o ucheldir yn hytrach na mynydd-dir yw'r Preselau, yr ucheldir hwnnw yn ne-orllewin Cymru lle nad yw'r rhan helaethaf o'r tir yn codi'n uwch na 180 metr uwchlaw'r môr. Ac os prin yw'r tir dros yr uchder hwnnw, nid oes unrhyw ran o'r Preselau cyn uched â 609.6 metr

Llechweddau gogleddol y Preselau: Y Frenni Fawr (chwith),
Foel Drygarn (canol)

Llechweddau deheuol y Preselau rhwng Talfynydd a Foel Cwmcerwyn (chwith)

(2,000 o droedfeddi), sef y diffiniad o fynydd, yn ôl ambell ddaearyddwr. Mae'r gadwyn o fryniau, sy'n rhan annatod o'r ucheldir ac iddo grib 21.5 cilometr o hyd, yn ymestyn o Fynydd Carn Ingli (337m)– Mynydd Dinas (305m) yn y gorllewin draw cyn belled â'r Frenni Fawr (395m) a'r Frenni Fach (300m) tua'r dwyrain. Yn 'The Description of Penbrockshire' (1603), llawysgrif a luniwyd gan yr hynafiaethydd a'r hanesydd George Owen (c.1552–1613), sgweier plasty bach Henllys a safai fry uwchlaw dolydd afon Nyfer ger Felindre Farchog, y ceir y disgrifiad cyntaf o nodweddion daearyddol a thirwedd y Preselau, ac yn arbennig y tri chopa uchaf, Foel Cwmcerwyn (536m), Mynydd Carn Ingli a'r Frenni Fawr. Yn wir, o Henllys, adeilad a godwyd yn wreiddiol yn ystod yr unfed ganrif ar bymtheg ac a oedd, ar y pryd, gyda'r

mwyaf o holl dai gogledd Sir Benfro, gallai Owen fwynhau'r panorama ysblennydd o lechweddau gogleddol yr ucheldir, rhwng Mynydd Carn Ingli a'r Frenni Fawr.

Ymhlith rhagoriaethau Foel Cwmcerwyn, y copa uchaf oll, cyfeiriodd Owen nid yn unig at y gorchudd o laswellt melys a'r tarddellau niferus o ddŵr gloyw a nodweddai'r foel, ond hefyd at y mawn a'r tywyrch a oedd yn storfa o danwydd at ddefnydd trigolion yr iseldiroedd cyfagos. Dyrchafu eu llygaid tua'r ucheldir hwn a wnâi'r morwyr a gyrchai lannau Penfro o gyfeiriad y de a'r de-orllewin, tra gallai'r sawl a safai ar gopa'r foel fwrw trem dros Sir Benfro gyfan a rhannau o naw o siroedd eraill, sef Caerfyrddin, Ceredigion, Morgannwg, Brycheiniog, Trefaldwyn, Meirionnydd, Caernarfon, Dyfnaint a Gwlad yr Haf, yn ogystal ag Ynys Wair ac Iwerddon.

Er ei fod wedi'i ynysu rhag copaon eraill y Preselau gan ddyffryn cul, dwfn a choediog Cwm Gwaun, mynnai sgweier Henllys fod Mynydd Carn Ingli yn rhan o'r un ucheldir y gellid ei olrhain tua'r dwyrain. Yn nodedig am ei lethrau serth a'i greigiogrwydd mewn mannau, priodoleddau tra gwahanol i Foel Cwmcerwyn, bernid bod porfeydd Mynydd Carn Ingli yn dda ar gyfer magu a phesgi defaid, a chan ei fod yn agos i lannau Bae Trefdraeth, pur anaml y gwelid ei gopa a'i lechweddau dan orchudd o eira.

Bryn crwn a du ei olwg, a hynny o ganlyniad i'w orchudd trwchus o rug, yw disgrifiad Owen o'r Frenni Fawr ym mhen dwyreiniol y Preselau, copa nad oes 'na chraig na cherrig i'w gweld arno'. Ond gan fod y foel i'w gweld o hirbell, y copa hwn, meddai Owen, a ddangosai'r ffordd i ddieithriaid a gyrchai'r ardal o'r dwyrain.

Mynydd Carn Ingli

Aber afon Nyfer,
Trefdraeth

Ceir gan sgweier Henllys hefyd ddisgrifiad o'r afonydd a'r isafonydd
y naill ochr a'r llall i grib yr ucheldir rhwng Foel Eryr a Foel Drygarn.
Y grib yw'r wahanfa ddŵr rhwng dalgylch afon Nyfer, sy'n tarddu ar
lechweddau'r Frenni Fawr ac yn ymarllwys i'r môr ger Trefdraeth, a
dalgylchoedd afonydd Cleddau Ddu a Syfynwy yn bennaf, sy'n llifo tua'r
de, y naill o'i tharddiad ym Mlaen-y-gors, Mynachlog-ddu, a'r llall ar
lechweddau gorllewinol Foel Cwmcerwyn i'r gogledd o Rosebush.

Cyfeiriodd Owen hefyd at olion y llwybr hynafol sy'n dilyn y grib (llwybr sydd, o bosibl, cyn hyned â 5,000 o flynyddoedd oed). Er ei fod o'r farn y bu'n llwybr masnach o bwys 'slawer dydd, yn ôl yr hyn a ddywed mae'n amlwg na châi unrhyw ddefnydd o gwbl ei wneud ohono yn ystod ei fywyd ef.

Megis heddiw, tir comin yw'r rhan helaethaf o'r ucheldir, tir a oedd yng nghyfnod Owen at ddefnydd tenantiaid a thrigolion Cemais, yr arglwyddiaeth Eingl-Normanaidd a sefydlwyd gan deulu Fitz Martin yn 1204.

*Preselau'r beirdd, y llenorion a'r artistiaid Cymraeg*
Gan fenthyg geiriau o eiddo'r Athro Damian Walford Davies (a luniwyd wrth drafod testun cwbl wahanol i'r un dan sylw), diddorol yw holi sut yr ymatebodd beirdd, llenorion ac artistiaid o Gymry Cymraeg i bresenoldeb y Preselau. Beth oedd neu beth yw natur perthynas ein beirdd, ein llenorion a'n hartistiaid â'r ucheldir sydd, fel y gwelir yn nes ymlaen, wedi hawlio sylw nifer fawr o ddaearegwyr, geomorffolegwyr, archaeolegwyr, archaeolegwyr diwydiannol, naturiaethwyr a chadwraethwyr dros y blynyddoedd?

Yn *Blodeugerdd y Preselau*, ceir 142 o gerddi ar amrywiol fesurau a 82 o englynion unigol gan 46 o feirdd. Yn ei ragair, dywed y golygydd Eirwyn George fod y 'flodeugerdd yn cynnwys gwaith beirdd a fu'n byw yn y fro rywbryd yn ystod y blynyddoedd 1969–1994, ynghyd â barddoniaeth a ysgrifennwyd yn y cyfnod hwn gan feirdd sy'n enedigol o'r ardal', gan ychwanegu mai '11 o'r cerddi a 4 o'r englynion sydd eisoes wedi ymddangos mewn cyfrolau o waith yr awduron'. Ond yr eironi yw, ac ystyried teitl y gyfrol, mai eithriadau yw'r beirdd sydd hyd yn oed yn cyfeirio at y Preselau, heb sôn am gynnig portreadau geiriol o wahanol agweddau ar ei dirwedd a'r hyn a olygai'r ucheldir iddynt. A dyfynnu broliant y flodeugerdd: 'Ymateb i hynt a helynt y byd sydd ohoni a wnaeth y beirdd yn bennaf. Y mae'r ffydd Gristnogol a thynged yr iaith Gymraeg ymhlith y themâu amlycaf yng nghynnwys y flodeugerdd.'

Eto i gyd, yng ngwaith Waldo Williams, Tomi Evans, W. R. Evans, Eirwyn George a Wyn Owens yn arbennig, ceir enghreifftiau o gerddi yn ymwneud yn uniongyrchol â'r Preselau a'i bobl ar hyd y canrifoedd. At hynny, mae WR yn ei hunangofiant, *Fi Yw Hwn*, ac Eirwyn George yn ei dywyslyfr, *Meini Nadd a Mynyddoedd*, yn cyflwyno i'r darllenydd rin a rhamant yr ucheldir, tra bo Wyn Owens, yr arlunydd o fardd, a'r arlunydd Iwan Dafis yn gwneud hynny hefyd drwy osod paent ar ganfas.

I Tomi Evans, y gwerinwr o Degryn, y mae'r diolch am y disgrifiad cryno gorau o gymeriad daearyddol a phriodoleddau'r Preselau:

> Daear rhamant a garw drumau, – cwmwd
>      Y cwmin a'r creigiau;
>    I'n cenedl, tir ei chwedlau,
>    Anial fyd yr hen helfâu.

Ond pennaf nodwedd y Preselau yn ôl Waldo Williams a W. R. Evans yntau oedd natur y gymdogaeth amaethyddol dda a'r gymuned glòs, gydweithredol a gwâr a nodweddai odreuon yr ucheldir ym mlynyddoedd cynnar yr ugeinfed ganrif. Meddai WR mewn awdl o'i eiddo y dyfynnir un pennill ohoni yn ei hunangofiant:

> Un hwb i'w gilydd oedd eu bugeilio,
> Yn cario adref eu defaid crwydro;
> Rhannu braich a rhannu bro yn grynswth,
> O fwth Carnabwth i ffald Pen Nebo.

Dyna oedd y drefn hefyd ym mlynyddoedd cynnar y bedwaredd ganrif ar bymtheg, yn ôl D. Tyssil Evans, awdur *Cofiant y Parch. Caleb Morris*, y gweinidog Annibynnol nid anenwog a aned ym mis Awst 1800 mewn tŷ wrth droed Foel Drygarn: 'Yr oedd pawb yn adnabod pawb, ac yn barod i gynorthwyo pawb … ffynai rhywbeth yn debyg i gyfundrefn o gydweithrediad, ac yr oedd yn fater o anrhydedd i'r naill roddi cymorth i'r llall.' Er hyn, nid oedd y cofiannydd 'am awgrymu fod y gymydogaeth yn berffaith; o na, yr oedd digon o feiau a ffaeleddau i'w cael':

> Effeithiai caledi y gwaith [o gael deupen y llinyn ynghyd], a diffyg diwylliant, ar foesoldeb yr ardal. Pan deflid y baich i ffwrdd ar ddiwrnod ffair neu fasnach, mewn arwerthiad neu neithior, yr oedd perygl myned i eithafion; ac yr oedd meddwdod ac anlladrwydd yn lled gyffredin yn y gymydogaeth.

Yn wir, does dim i awgrymu – heb sôn am brofi – fod plwyfolion 'gwerin blwy' 'Nachlog-ddu' – 'Preseli cu' Waldo a WR – yn fwy rhinweddol a llai llac eu moesau na thrigolion plwyf cyfagos Eglwys-wen, er na fynnai'r naill fardd na'r llall gyfeirio atynt rhag difetha, mae'n debyg, eu portreadau delfrydyddol o fro brawdoliaeth y Preselau.

Ymdeimlai W. R. Evans, a aned yn Nan-garn ond a fagwyd ar fferm Glynseithmaen wrth odre Foel Cwmcerwyn, â phresenoldeb ei gyndeidiau bob tro y crwydrai'r moelydd: 'Alla i ddim cerdded dros y bryniau, hyd yn oed heddiw,' meddai yn ei hunangofiant, 'heb deimlo fod yna rywun neu rywrai yn sangu yn ysgafn o'r tu ôl i mi', a heb ymglywed hefyd â lleisiau Arthur a'i farchogion a hanes Culhwch ac Olwen, prif gymeriadau un o'r chwedlau hynaf yn yr iaith Gymraeg, a oedd yn sail i'w gomedi gerdd, 'Cilwch Rhag Olwen', a lwyfannwyd yn Eisteddfod Genedlaethol Sir Benfro 1972. Yn wir, ni fedrai'r gwladwr o werin blwyf Mynachlog-ddu ddianc rhag cernydd a bannau bro ei febyd. 'Y nef hon a fynnaf i,' meddai, ac

> I ymuno â'r mynydd
> Yn ddwst dychwelaf, ryw ddydd,
> At ei gôl bentigilydd.

Cofeb W. R. Evans, Glynseithmaen

Mae mynyddoedd y Preselau yn cynnig balm i enaid Eirwyn George hefyd:

> Piau eu hedd? Bro'r copâu – a eilw'r
>     Galon o'i doluriau;
>     Hyd y fawnog dof innau,
>     Yma mae balm i'm bywhau.

Ond, yn ôl y bardd, mae'n rhaid cyrchu'r Patshyn Glas, llain ddigon dinod o dir glas ar fin y ffordd wledig wrth droed llechweddau deheuol Talfynydd o ble y mae modd dyrchafu llygaid tua Foel Cwmcerwyn, crib greigiog Carn Meini a chopa Foel Dyrch, i brofi swyn a hudoliaeth yr ucheldir: 'Mae holl gyfaredd y Preselau,' meddai, 'i'w deimlo yn y llecyn hwn.' Ac i un a chanddo, yn ôl ei gyfaddefiad ei hunan, 'ddiddordeb dwfn mewn hanes', rhan annatod o gyfaredd y fro – ardal a barodd iddo gloi ei englyn, 'Fy Mro', drwy holi'r cwestiwn rhethregol 'Oes ail i fro'r Preseli?' – oedd henebion megis siambr gladdu Pentre Ifan, y 'gromlech grwca dan drem Carn Ingli', a Foel Drygarn, lle 'ar lafn o fynydd, daw ias y cynfyd fel ysbryd o'r waun'.

    Gyda'r cynhesaf a'r mwyaf teimladwy o'r portreadau hynny o fro'r Preselau yw'r rheiny o eiddo Wyn Owens, y bardd–arlunydd a aned ym Mynachlog-ddu ac a fwrodd ei angor yn ei filltir sgwâr wedi dyddiau coleg yng Ngholeg Celf Dyfed, Caerfyrddin, Ysgol Gelfyddyd a Dylunio Epsom, a'r Academi Frenhinol yn Llundain. Yn un o ganiadau ei gerdd ddifrifddwys, 'Y Gorwel', a luniwyd ar drothwy Rhyfel Irac (Mawrth–Mai 2003) pan rannai dau arweinydd cibddall (Tony Blair a George W. Bush) 'Y sêl am ryfela – A hynny'n ein henw ni ein hunain', ymdeimlir â chariad angerddol y bardd at ei fro enedigol:

> Tan orwel y Preseli,
> Nid oes ar derfyn dydd

Ail i dawelwch

Y fro hon, ac mae hi'n fraint

Cael ei chrwydro eto yn y diwetydd.

Mae rhyw ddiddanwch yn heddwch yr hwyr,

Y ddôl gyfriniol yn tyneru'r fron

A rhwymau dwfn rhwng y trumau a dyn.

Yn fyw uwch y Foel

Lliwiau'r gorllewin

Sy'n orchest amryliw cyn diffoddi'n y diwedd.

O! mor ddigyrraedd yw mawredd y gorwel.

Ond llais hyglyw yr arlunydd-fardd a glywir yn 'Fy Mhreseli', llais artist y mae lliw yn bwysig iddo. 'Fe fydda i bob amser yn rhyfeddu at y golau ar y Preseli,' meddai, 'a'r modd mae'r golau yn newid a'r lliwiau'n newid … Creu cynghanedd allan o ffurf a lliw fydda i'n ceisio'i wneud':

Fy Mhreseli i a liwiaf mewn llun,

    Y mae'n lle a garaf.

     Ias ei hwyr a gwres ei haf

      A'i lonydd, fe'i darluniaf.

Rhoi'r haul i orwedd uwchben Foel Feddau

Yn grwn o fermiliwn tan gymylau.

Rhoi mewn olew y rhimyn o olau

Oddi uchod i lithro dros lethrau.

A chywir liwio'i chaeau a wnaf mwy

O'm trothwy'n tramwy ei holl batrymau.

Gweld yr heulwen ac mor glau daw'r alwad

I hel y manylion a'u dal mewn eiliad.

Dilyn eu trywydd, dylunio troad

'Crymych a'r Preseli' (91 x 76cm), Wyn Owens

Yr heol a'r ddôl gydag arddeliad.
A pharhau wna'r cyffroad i'm hannog.
Caeau cyforiog sy' 'mhob cyfeiriad!

Cyfleu tynerwch harddwch y wawrddydd,
Dal mewn darlun arlliw gwyn ei gweunydd.
Lliwio ymylon tywyll ei moelydd
A chreu o'r gwyrddlas urddas yr hwyrddydd.
Hen yw hi ond o'r newydd fe welir
Y tir a lunnir drwy law arlunydd.

Lluniaf hon a'i golygon oblegid
Cyfaredd ddiddiwedd llawn addewid.
Wy'n llawenhau wrth weld lliwiau'n newid
Tir ac wybren a'u tegwch cynhenid.
Gaeaf, haf, nid oes ofid yma i fi,
Hafan yw hi sydd yn ddigyfnewid.

Lliwio ei Breseli mewn llun a wna'r arlunydd Iwan Dafis hefyd, darlunio'r tir y bu cenedlaethau dirifedi o'i deulu yn ei drin a'i aredig wrth iddynt geisio cynhaliaeth o'r pridd. Ac fe geir yn llinell agoriadol 'Mewn Dau Gae', un o gerddi mwyaf Waldo, yr ymadrodd 'môr goleuni', geiriau sy'n cyfleu orau un o nodweddion amlycaf y peintiadau hynny o'r Preselau o waith yr artist. Yn ei gartref yn Llandudoch y mae'n mynd ati i greu gweithiau celf hudol o'r cof – peintiadau megis 'Golau Preseli', 'Golau'r hydref', 'Golau'r Preselau' a 'Golau sydyn' – gan gyfleu'r clytiau o oleuni llachar ond byrhoedlog hynny sydd ar adegau annisgwyl yn bywiocáu llwydni llechweddau gogleddol noethlwm yr ucheldir, yn enwedig ar derfyn dydd yn ystod yr hydref a'r gaeaf.

Yn Llangrannog y cafodd Wynmor Owen ei eni a'i fagu, ond Trefdraeth, y dref glan môr wrth odre Carn Ingli, fu ei gartref yn ystod

'Golau'r Preselau' (24 x 14cm), Iwan Dafis

y deugain a mwy o flynyddoedd a aeth heibio. Mynydd a môr yr ardal honno, ynghyd â'i rhyfeddodau naturiol, yw'r hyn a fu'n gymaint ysbrydoliaeth i'w greadigaethau celfyddydol, yn enwedig ei gerfluniau pren, ond hefyd dorluniau pren a darluniau. At hynny, ei gariad at y Gymraeg, yn ogystal â'i awydd i sicrhau nad aiff enwau lleoedd ei gynefin mabwysiedig yn angof, a'i cymhellodd i hel ynghyd hen lechi a fu'n diddosi toeau ffermydd a thyddynnod adfeiliedig ar lechweddau Carn Ingli gan osod arnynt, mewn llythrennau cain, enwau pentiroedd, baeau, cilfachau ac ogofâu'r arfordir. Yn ôl ei gyfaddefiad ef ei hun, yr awen sy'n peri iddo weld mewn hen byst derw di-lun gyrff adar ac anifeiliaid, megis y frân goesgoch a'r llamhidydd, a chychod hwylio yn marchogaeth y tonnau. Gyda chymorth offer llaw, try Wynmor y pyst garw eu gwedd yn wrthrychau byw sy'n ddengar i'r llygad ac yn faeth i'r enaid. Ys dywedodd y Prifardd Idris Reynolds, 'Darnau o bren a fu unwaith yn gwarchod ffiniau ar lethrau'r Preselau yw ei ddeunydd crai ac mae hynny yn ychwanegu at yr ymdeimlad o berthyn sy'n ymdreiddio drwy'r holl waith. Diffiniwyd "adnabod" gan Waldo fel cael un gwraidd dan y canghennau. Dyna weledigaeth Wynmor hefyd.'

Fodd bynnag, fel y pwysleisiodd Alan Llwyd, cofiannydd Waldo Williams, roedd Waldo yn meddu ar fyd-olwg tra gwahanol o'r Preselau i eiddo'r tri artist; golygwedd y rhoes fynegiant iddi yn ei gerdd 'Cymru'n Un'. Gwyddai awdur *Dail Pren* fod i Gymru wahanol rannau a gynrychiolid gan ucheldiroedd Mynydd Hiraethog, y Mynydd Du a'r Preselau, ond ei 'Breseli cu' – 'Mur fy mebyd ... Wrth fy nghefn ym mhob annibyniaeth barn' – '[yn] unig a'i cyfannai trwy ddwyn pob cyfran arall ynghyd, a'u hasio'n un'. Does ryfedd yn y byd, felly, i Waldo, yn 1946, lunio un o'i gerddi gorau, 'Preseli', i brotestio yn erbyn dymuniad y Swyddfa Ryfel i feddiannu'r Preselau a throi'r tir yn faes ymarfer milwrol. Yn ddiweddarach, bu'r frwydr a ymladdwyd i gadw'r 'mur rhag y bwystfil' a'r 'ffynnon rhag y baw' yn ysbrydoliaeth i E. Llwyd Williams, W. R. Evans ac Eirwyn George, yn anad neb arall, gyfansoddi cerddi a oedd yn cloriannu hanes yr ymgyrch a 'faeddodd rym Y Fyddin', yn clodfori gwaith diwyd a diflino ei harweinwyr digyfaddawd, ac yn ymfalchïo yn y fuddugoliaeth a ddaeth yn ei sgil.

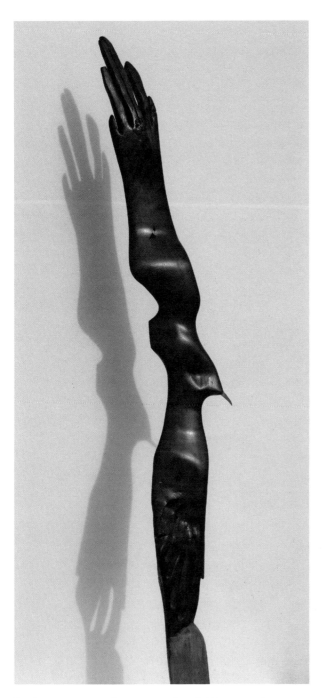

'Brân goesgoch' (uchder 130cm), Wynmor Owen

# Y creigiau a'r garw drumau

Yn ei gerdd 'Cerrig Marchogion', myn W. R. Evans mai mangre i'n sobri, i ddod â ni'r Cymry Cymraeg at ein coed, yw'r clwstwr hwnnw o garnau bach sydd i'w gweld ar grib y Preselau rhwng Mynydd Bach (374m) a Foel Feddau (467m):

> Yno, pan arafo'r byd,
> A dyn yn ostyngedig
> 'Rôl chwydu'i falchder yn y gwynt,
> Bydd clust i wrando ar chwedl
> A doethinebau'r meini.
>
> Tlawd ein hyfory heb ein doe,
> A'n heddiw'n ddigyfeiriad
> Yn y fforestydd gwâr,
> Oni chanfyddwn ar y bryn

Fynegbyst y canrifoedd:
Cerrig Marchogion Arthur
Yn codi cu golwg at y sêr,
Ac yntau'r dyn-forgrugyn
Mewn panic gwyllt
Yn gylchoedd yn ei unfan.

I'r neb a fyn glywed, medd y bardd, yno

Fe glywn y llef, sy'n hŷn na'r cnawd,
Yn gwanu'r gwynt,
A chael fod cof yr hil
Yn codi'n llesmair ynom.

Ond wrth grwydro'r Preselau, deuir yn ymwybodol o rywbeth mwy na 'chof yr hil' yn unig, oherwydd wrth graffu ar natur creigiau a thirffurfiau'r ucheldir deuir wyneb yn wyneb ag ambell bennod o hanes rhyfeddol y cilcyn hwn o ddaear Cymru. Yma yng '[ngh]wmwd / Y cwmin

Cerrig Marchogion

a'r creigiau' yr ymglywir ag aruthredd y greadigaeth a grymoedd natur o'u cyferbynnu â gweithgareddau cymharol ddi-nod y 'dyn-forgrugyn'.

Gŵr o'r enw F. T. Howard oedd yr ymchwilydd cyntaf i geisio crynhoi hanes daearegol yr ardal yn ei chyfanrwydd, ac fe gyhoeddwyd ei ymdrech glodwiw, 'Notes on the Geology of the Precelley Hills, Pembrokeshire', yn 1899. Fodd bynnag, er cystal yw crynodeb Howard, bu'n rhaid aros hyd y 1940au cyn y gwelwyd cyhoeddi ymdriniaeth gynhwysfawr â daeareg y fro, a hynny gan William David Evans (1912–85), brodor o Gaerffili a gŵr a ddyrchafwyd yn Arglwydd Energlyn yn 1968. Fe'i cofir yn bennaf am ei waith ymchwil yn ymwneud â natur ac achos clefyd y llwch (niwmoconiosis), ond daeareg y Preselau oedd y prosiect ymchwil a hawliai ei sylw wedi iddo ennill ei raddau cyntaf mewn daeareg yng Ngholeg Prifysgol De Cymru yn 1937 ac 1938. Yn 1940, flwyddyn wedi iddo gael ei benodi'n aelod o staff yr Arolwg Daearegol, ei swydd gyntaf, fe ddyfarnwyd iddo ei ddoethuriaeth a oedd yn sail i'w erthygl 'The Geology of the Prescelly Hills, North Pembrokeshire', a gyhoeddwyd yn 1945.

Heb os, prif nodau amgen daeareg y Preselau yw'r creigiau y naddwyd carnau niferus yr ardal ohonynt. Yn wir, priodolir yr ucheldir a'i uchder i galedwch a gwytnwch creigiau'r carnau. Eto i gyd, drych camarweiniol yw creigiau igneaidd caled y tirffurfiau trawiadol hynny o ddaeareg y fro. Sylfaen yr ardal, gan gynnwys copaon Foel Cwmcerwyn (536m), Foel Feddau (Foel Fedw, yn ôl eraill) a'r Frenni Fawr (395m), yw trwch o gerrig llaid a sialau llwydlas cymharol wan, a ymffurfiodd wrth i haenau llorweddol o laid a silt ymgasglu ar ben ei gilydd ar lawr dyfnfor hynafol yn ystod y cyfnod Ordofigaidd, rhwng oddeutu 480 a 450 miliwn o flynyddoedd yn ôl, pan orweddai 'Cymru' yr oes bellennig honno dros 30° i'r de o'r cyhydedd.

Ar ddau achlysur, fodd bynnag, cynhyrfwyd y dyfroedd yr ymgasglai'r llaid a'r silt ynddynt gan echdoriadau llosgfynyddoedd, rhai ar ffurf canolfannau folcanig tanfor ac eraill, o bosibl, ar ffurf ynysoedd folcanig byrhoedlog y codai eu pennau uwchlaw lefel y môr. Esgorodd

Carn Atr

ffrwydradau'r llosgfynyddoedd byw ar lifau lafa gludiog (rhyolit yn bennaf), yn ogystal â llifau dirifedi o lwch a lludw folcanig eiriasboeth (llifau pyroclastig) a roes fod i'r hyn a elwir yn dyffau llif-lludw. Mae creigiau'r cyfnod folcanig cynharaf (Ffurfiant Folcanig Sealyham), a oedd yn ei anterth oddeutu 470 miliwn o flynyddoedd yn ôl, i'w canfod hwnt ac yma rhwng Cas-fuwch a chyffiniau Rosebush, lle y maent yn sail i Garn Afr, ac ar lethrau gorllewinol dyffryn afon Cleddau Ddu,

rhwng Mynachlog-ddu a Chroes Mihangel, lle y deuir ar draws Carn Tŷ-cwta, Carn Bwdcyn, Carn Sarn a Charn Gaseg. Mae cynnyrch llosgfynyddoedd yr ail gyfnod tanllyd (Grŵp Folcanig Abergwaun), a oedd ar eu mwyaf byw tua 460 miliwn o flynyddoedd yn ôl, yn ffurfio llain ddi-dor o greigiau folcanig sy'n brigo wrth droed llechweddau gogleddol y Preselau, rhwng Trefdraeth a Chrymych. Tyffau llif-lludw yw sylfaen Carn Ffoi (215m), ar lethrau gogleddol Mynydd Carn Ingli,

Carn Meini (Carn Menyn)

ond lafa llwydlas a gwydrog ei wedd y naddwyd Carn Alw (264m)
ohono, a saif ar lechweddau gogleddol yr ucheldir nid nepell o gopa
Foel Drygarn (363m).

Yn ystod yr ail gyfnod folcanig, cafodd dalennau lled drwchus o fagma
chwilboeth (craig dawdd) eu mewnwthio i ganol y pentwr o gerrig llaid
a sialau morol hŷn, gan eu crasu a'u caledu. Yna, wrth i'r magma araf
oeri, crisialu a chrebachu, datblygodd craciau (bregion) ar ongl sgwâr i
wynebau allanol oer y mewnwthiadau gan eu rhannu, mewn mannau, yn
unedau colofnog. Y creigiau igneaidd crisialog, llwydlas hyn (doleritau'n
bennaf) yw sylfaen y rhan fwyaf o ddigon o'r tyrrau (tors), sef y carnau
sydd mor nodweddiadol o grib y Preselau. Yr amlycaf ohonynt rhwng
Foel Drygarn a Foel Eryr (468m) yw Carn Ddu Fach, Carn Ferched,
Carn Ddafad-las, Carn Gyfrwy, Carn Meini (Menyn), Carn Gŵr, Carn
Arthur, Craig Talfynydd, Carn Breseb, Carn Siân, Carn Bica, Carn
Goedog, Cerrig Marchogion, Carnau Ysfa a Cherrig Lladron. At hynny,

Carn Goedog

Un o Gerrig y Marchogion

Carnedd Meibion Owen

ceir Carnedd Meibion Owen, gerllaw cromlech Pentre Ifan, a'r carnau a
ganlyn ar Fynydd Carn Ingli–Mynydd Dinas: Carn Ingli, Carn Llwyd,
Carn Edward, Carn Clust-y-ci, Carn Enoch, Carn Sefyll a Charn Fawr.
Nodwedd amlwg arall o ddoleritau'r carnau rhwng Carn Meini a Charn
Goedog yw eu gwedd smotiog y gellir ei phriodoli i bresenoldeb clystyrau
o grisialau o ffelsbar a chwarts, hyd at ddau gentimetr ar draws, y credir
iddynt ymffurfio pan gafodd creigiau'r ardal eu cywasgu a'u poethi

Dolerit smotiog

Carn Ingli

(metamorfforeiddio) yn ystod cyfnod o symudiadau daear grymus, a ddigwyddodd yn ystod y cyfnod Silwraidd a'r cyfnod Defonaidd cynnar rhwng oddeutu 440 a 400 miliwn o flynyddoedd yn ôl.

Roedd y symudiadau daear yn ganlyniad i'r gwrthdrawiad rhwng dau gyfandir, a arferai orwedd y naill ochr a'r llall i gefnfor hynafol ac a fu'n araf glosio at ei gilydd dros gyfnod o gannoedd o filiynau o flynyddoedd. Fodd bynnag, bu'r cynyrfiadau nid yn unig yn gyfrifol am roi bod i'r 'doleritau smotiog' y ceir enghreifftiau ohonynt ymhlith 'cerrig gleision' Côr y Cewri, ond hefyd am drawsnewid cyfran o'r cerrig llaid yn llechfeini nad oes nemor ddim brigiadau ohonynt i'w gweld y

tu hwnt i wynebau'r cloddfeydd bach a'r chwareli llechi mwy sylweddol eu maint sy'n creithio llethrau rhai o fryniau a dyffrynnoedd y fro. Bu'r grymoedd cywasgol a achoswyd gan y gwrthdrawiad cyfandirol hefyd yn gyfrifol am blygu'r creigiau a'u hollti'n gymhlethdod o ffawtiau mawr a bach. At ei gilydd, goleddu tua'r gogledd-ddwyrain y mae'r olyniaeth creigiau rhwng Crymych a Brynberian, tra bo gogwydd y rheiny rhwng Brynberian a Threfdraeth tua'r gogledd. Golyga hynny fod rhai o greigiau Ordofigaidd hynaf y fro yn sylfaen i ardal Mynachlog-ddu a Mynydd Cas-fuwch, tra bo rhai o'r creigiau ieuengaf yn sail i'r Frenni Fawr a Dyffryn Taf. Yng nghyffiniau Llanfyrnach mae'r cerrig llaid a'r llechfeini yn cynnwys gwythiennau mwynol ac ynddynt fwyn plwm (plwm sylffid, sydd hefyd yn cynnwys peth arian) a cherusit (plwm carbonad), yn ogystal â sinc (sffalerit [sinc sylffid]), cyfoeth y manteisiwyd arno yn ystod y ddeunawfed a'r bedwaredd ganrif ar bymtheg.

Er bod creigiau Ordofigaidd hynaf y Preselau dros 100 miliwn o flynyddoedd yn brin o oedran granoffyr Cyn-Gambriaidd Tyddewi, y graig wenithfaenol lwydwyn 587 miliwn o flynyddoedd oed sy'n brigo ym Mhorth Clais, y maent yn hynafol iawn o'u cymharu ag oedran y carnau, tirffurfiau hynaf yr ucheldir, yn ôl pob tebyg. Wrth grwydro heibio i Garn Afr yng nghwmni cyfaill, sylwodd E. Llwyd Williams fod y twr yn ymddangos 'fel petai'r ddaear yma wedi gwthio'i hesgyrn trwy'i chroen'. Dyna'r argraff a greir gan yr holl garnau. Fodd bynnag, er mor drawiadol yw cyffelybiaeth Llwyd Williams, mae'n ddaearegol gamarweiniol. Mae'n ymddangos mai cael eu dinoethi a wnaeth y creigiau igneaidd caled wrth i brosesau erydol ysgubo ymaith y cerrig llaid, y sialau a'r llechfeini amgylchynol a oedd wedi'u hindreulio'n ddwfn a'u dadelfennu dan ddylanwad hinsawdd safana drofannol, rywbryd yn ystod y cyfnod Neogen, rhwng oddeutu pump a dwy filiwn o flynyddoedd yn ôl. Ysgubwyd ymaith hefyd y rhannau hynny o'r dalennau o ddolerit a oedd wedi'u dadelfennu, gan adael ar ôl ddim ond y tyrrau mwyaf cadarn a phrinnaf eu craciau (bregion).

Mae'n bosibl mai grym erydol llen iâ un o gyfnodau rhewlifol yr Oes Iâ Fawr, a wawriodd tua 2.5 miliwn o flynyddoedd yn ôl ac sydd eto heb ddod i ben, fu o leiaf yn rhannol gyfrifol am ysgubo ymaith y creigiau hindreuliedig, gan ddwyn y tyrrau i'r golwg. Yn ôl pob tebyg, cyflawnwyd y gwaith hwnnw tua 450,000 o flynyddoedd yn ôl, pan oedd Cymru gyfan, yr Alban a'r rhan honno o Loegr i'r gogledd o ddyffryn afon Tafwys dan drwch o iâ. Cyn i'r iâ oresgyn y rhan honno o grib y Preselau rhwng Foel Feddau (467m) a Mynydd Bach (374m), ymffurfiodd rhewlif bach fry ar lechweddau gogledd-ddwyreiniol oer Foel Cwmcerwyn, gan gafnio amffitheatr greigiog (peiran) Craig y Cwm y mae ei chefnfur pedolaidd

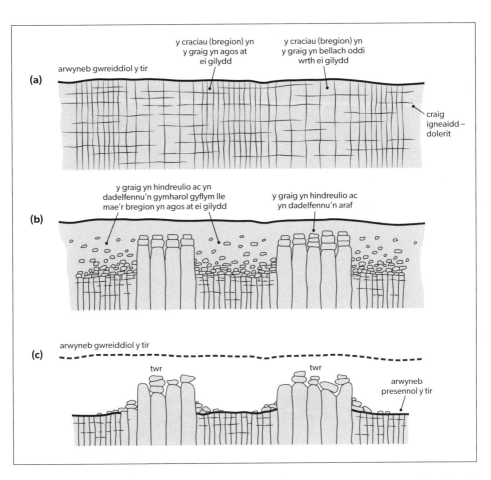

**(a)** arwyneb gwreiddiol y tir

y craciau (bregion) yn y graig yn agos at ei gilydd

y craciau (bregion) yn y graig yn bellach oddi wrth ei gilydd

craig igneaidd – dolerit

**(b)** y graig yn hindreulio ac yn dadelfennu'n gymharol gyflym lle mae'r bregion yn agos at ei gilydd

y graig yn hindreulio ac yn dadelfennu'n araf

**(c)** arwyneb gwreiddiol y tir

twr

twr

arwyneb presennol y tir

Camau yn natblygiad tyrrau

Peiran Craig y Cwm

Palmant rhewlifol ar gopa Carn Meini

ar uchder o oddeutu 475 metr. Ar gopa Carn Meini, fodd bynnag, ceir enghraifft ragorol o balmant rhewlifol, arwyneb craig wedi'i wastatáu a'i lyfnhau gan rym erydol y llif iâ a oresgynnodd yr ucheldir pan oedd y rhewlifiant yn ei anterth. Ac yn gorwedd ar arwynebau rhewgerfiedig Carn Arthur a Chraig Talfynydd, ar uchder o oddeutu 315 metr, ceir dau neu dri o grogfeini, sy'n ymylu ar fod yn gerrig siglo, a adawyd ar ôl adeg enciliad yr iâ.

Serch hynny, gwaddol hynotaf a mwyaf trawiadol y cyfnod rhewlifol cynnar yw Cwm Gwaun, y dyffryn coediog, serthochrog hwnnw sydd, mewn mannau, hyd at 500 metr o led a dros 70 metr o ddyfnder. Yn ogystal ag ynysu Mynydd Carn Ingli–Mynydd Dinas, mae'r dyffryn, ynghyd â

Cwm Gwaun

chymhlethdod o ddyffrynnoedd cysylltiedig, megis Esgyrn Bottom (mae tarddiad yr enw cymysgryw yn ddirgelwch) a Nant y Bugail y gellir eu holrhain draw i ardal Scleddau a Threcŵn, yn meddu ar briodweddau anarferol megis lloriau creigiog, sych ac afonydd a nentydd hynod fach o'u cymharu â maint y dyffrynnoedd. At hynny, mae afon Gwaun yn llifo tua'r gorllewin a'i haber ger Abergwaun o gyffiniau Gallt Llannerch, tra bo afon Clydach yn dilyn y dyffryn tua'r gogledd gan ymuno ag afon Nyfer ger Trefdraeth. Yn ôl pob tebyg, crëwyd Cwm Gwaun a'i sianeli cysylltiedig gan afonydd dŵr-tawdd tanrewlifol y llifai eu dyfroedd tyrfol, gwyllt dan wasgedd hydrostatig pan oedd yr ardal gyfan dan orchudd trwchus o iâ.

Gadawodd y Rhewlifiant Diwethaf, a oedd yn ei anterth mor ddiweddar ag 20,000 o flynyddoedd yn ôl, hefyd ei stamp ar y Preselau. Yn ystod y cyfnod hwnnw, roedd y rhan helaethaf o dir Cymru a llawr basn Môr Iwerddon dan orchudd o iâ ond mae'n debyg na lwyddodd i

Esgyrn Bottom

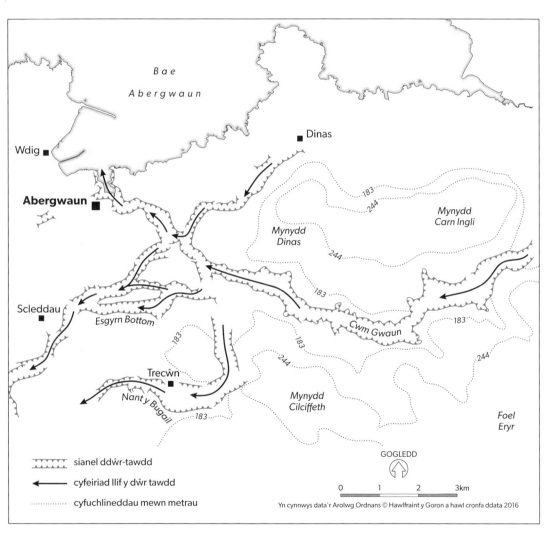

Cwm Gwaun a'i sianeli dŵr-tawdd cysylltiedig

oresgyn yr ucheldir, a barnu yn ôl dosbarthiad y dyddodion rhewlifol sy'n gyfyngedig i'r ardal i'r gogledd o grib y Preselau. Ceir trwch o glog-glai (til) – meini mawr a mân yn gymysg â chlai a thywod – yn sail i weundir mawnogaidd Waun Brwynant, wrth odre'r bryniau rhwng Brynberian a Foel Drygarn, yn ogystal ag ar lawr y rhan honno o Gwm Gwaun i'r gogledd-ddwyrain o Allt Llannerch, tystiolaeth sy'n dynodi fod tafod o iâ wedi ymestyn cyn belled â throed yr allt. Ychydig ymhellach i'r gogledd, ceir pentyrrau o dywod a graean ffrwdrewlifol yng nghyffiniau Crugiau Cemais (Chwarel Pant Gwyn) ac Eglwys Wythwr (Chwarel Trefigin). Darnau o gerrig llaid a thywodfeini lleol yw'r rhan fwyaf o'r cerrig dŵr-dreuliedig sydd i'w cael yn yr haenau o raean yn Chwarel Trefigin, ac yn eu plith fe geir rhai meini dyfod o ogledd Cymru yn ogystal ag ambell un o'r Alban, yn ôl pob tebyg. At hynny, mae darnau mân o gregyn môr, a godwyd oddi ar lawr Môr Iwerddon wrth i'r llen iâ lifo tua'r de, hefyd i'w canfod yn yr haenau o dywod. Ymddengys y cawsai'r haenau o dywod a'r graean yn y naill chwarel a'r llall eu dyddodi gan afonydd dŵr-tawdd plethog yn ystod enciliad y llen iâ, tua 17,000 o flynyddoedd yn ôl.

Chwarel tywod a graean Trefigin, Eglwys Wythwr

Crogfaen, Carnedd Meibion Owen

Er gwaetha'r dystiolaeth ddyddodol, mae cryn ansicrwydd ynglŷn ag union leoliad ac uchder terfyn deheuol llen iâ'r Rhewlifiant Diwethaf ar lechweddau gogleddol y Preselau. Serch hynny, awgryma'r crogfaen tra ansefydlog, a saif fel rhyw fath o garreg siglo ar arwyneb palmant rhewlifol bach sydd yn rhan o un o dyrrau Carnedd Meibion Owen, y cawsai ei adael yno wedi i'r llen iâ a'i cludodd ddadmer ac encilio. Gan fod y crogfaen ar uchder o oddeutu 240 metr, mae'n debyg nad oedd terfyn yr iâ fawr is na 300 metr.

Tra oedd yr iseldiroedd i'r gogledd o'r Preselau a llawr basn Môr Iwerddon dan orchudd trwchus o iâ, amodau ffinrewlifol, arctig-alpaidd a nodweddai'r copaon. Yn ystod y cyfnod rhewllyd hwn, mae'n dra phosibl yr adfeddiannwyd peiran Craig y Cwm gan rewlif bach, tra bu gwaith rhewi-dadmer yn gyfrwng nid yn unig i ledu'r craciau niferus (bregion) yng nghreigiau igneaidd carnau Mynydd Carn Ingli ac ardal Carn Meini, ond hefyd i'w hollti'n golofnau mawr a bach. Ymgasglodd y meini

Carn Meini: craciau (bregion) colofnog

rhewfriwiedig yn gludeiriau oddi amgylch i'r carnau rhewfriwiedig, yn ogystal ag ar y llechweddau islaw iddynt, wrth i gyfran ohonynt symud ar i waered dan ddylanwad disgyrchiant. Y broses hon a roes fod i'r Rhestr Gerrig, y llain hir drawiadol o feini toredig ar lawr y dyffryn dan gysgod Carn Meini a Charn Arthur.

Roedd yr iâ a orchuddiai Gymru yn ystod y Rhewlifiant Diwethaf wedi hen ddiflannu o'r tir erbyn 15,000 o flynyddoedd yn ôl ond, 2,000 o flynyddoedd yn ddiweddarach, oerodd yr hinsawdd drachefn a thros gyfnod o 1,500 o flynyddoedd ymsefydlodd rhewlifau bychain ym mheirannau mynydd-diroedd uchel Cymru: Bannau Sir Gâr–

Y Rhestr Gerrig rhwng Carn Meini a Charn Arthur

Bannau Brycheiniog; Cadair Idris a'r ddwy Aran; y ddwy Arennig a'r Moelwynion; y Rhinogydd; y Carneddau a'r Glyderau, a'r Wyddfa. Yn ystod y cyfnod oer, byrhoedlog hwn, maes eira parhaol yn unig a lechai ym mheiran cysgodol Craig y Cwm, ond roedd gwaith rhewi-dadmer yn prysur chwalu ac yn malu creigiau'r carnau unwaith yn rhagor, fel y tystia golwg dadfeiliedig nifer fawr ohonynt.

Tua 11,500 o flynyddoedd yn ôl, o dan ddylanwad hinsawdd a oedd yn prysur gynhesu, diflannu fu hanes y rhewlifau bach ym mynyddoedd mawr Cymru yn ogystal â maes eira Craig y Cwm. Meddiannai planhigion y tir noethlwm, ac erbyn oddeutu 8,000 o flynyddoedd yn ôl, roedd y Preselau, ac eithrio'r copaon uchaf, o dan orchudd o goed. Yna, rhwng 7,500 a 5,000 o flynyddoedd yn ôl, newidiodd yr hinsawdd, gan droi'n oerach a gwlypach, amodau a sbardunodd ddatblygiad gorgorsydd megis Waun Brwynant, wrth droed llethrau gogleddol yr ucheldir. Yn ystod y cyfnod hwn hefyd y dechreuodd y cymunedau amaethyddol Neolithig gymynu rhai o'r coetiroedd, gwaith a fyddai'n parhau ac yn dwysáu yn ystod y cyfnodau cynhanesyddol dilynol a'r canrifoedd wedi hynny.

# Camp a chelfyddyd y cenhedloedd cynnar

Bryn a bataliwn anniben o greigiau 'llosg' yn gwersylla ar ei gopa yw Carn Menyn. Ar ôl i'r tân galedu'r creigiau, daeth y rhew i'w hollti'n gerrig parod i'w llunio'n gromlechi a meini hirion hwnt ac yma.

Mae sylwgarwch a chraffter Llwyd Williams, awdur y geiriau uchod, i'w canmol, er nad oes enghreifftiau o'r dywededig henebion yng nghyffiniau Carn Menyn nac yn unman arall ar gopaon nac ychwaith ar lechweddau uchaf y Preselau. Er hynny, mae'r rhan honno o'r ucheldir rhwng Foel Eryr a Foel Drygarn–Carn Meini wedi'i dynodi'n un o blith 36 o Dirweddau o Ddiddordeb Hanesyddol Eithriadol yng Nghymru.

*Siambrau claddu a chylchoedd cerrig*
Y beddrodau megalithig a adwaenir hefyd fel siambrau claddu, neu gromlechi, yw adeiladweithiau hynaf cenedl y Cymry, ac fe'u codwyd gan

ffermwyr cyntaf Cymru, disgynyddion yr helwyr-gasglwyr cynnar. Pum cromlech yn unig sydd yng nghyffiniau'r mynydd-dir: Carreg Coetan Arthur a Cherrig y Gof ger y glannau heb fod ymhell o droed llethrau gorllewinol Mynydd Carn Ingli; dwy ar yr iseldir i'r gogledd o'r ucheldir, sef Bedd yr Afanc ar Waun Brwynant ger Brynberian a Chromlech Pentre Ifan ychydig i'r gogledd o'r pentref gwasgaredig hwnnw; a Chromlech y Mynydd ar lawr dyffryn afon Cleddau Ddu rhwng Foel Drygarn a chopa Crug-yr-hwch.

Y gromlech odidocaf yw siambr gladdu Pentre Ifan, yr heneb fegalithig fwyaf trawiadol yng Nghymru, a enynnodd edmygedd a chwilfrydedd neb llai na George Owen, Henllys. 'Maen y Gromlech,' meddai, 'is a huge and massive stone mounted on high and set on the tops of three other high stones pitched standing upright in the ground ... The stones whereon this is laid are so high that a man on horseback may well ride under it without stooping.' Ym marn Owen, dim ond rhai o feini Côr y Cewri ar Wastadedd Caersallog a allai gystadlu â mawredd ac uchder Maen y Gromlech – 'eighteen feet [5.5m] long and nine foot [2.7m] broad and three foot [0.9m] thick at the one end, but thinner at the other' – a godwyd, fe dybiai, i gofnodi 'rhyw fuddugoliaeth fawr' neu 'fedd rhyw berson nodedig'. Mae'r maen capan yn cael ei gynnal gan dri maen unionsyth, un dan ben gogleddol y siambr a dau dan y pen deheuol, y naill ochr a'r llall i'r maen a saif ym mynedfa gaeedig y beddrod.

Yn ôl W. F. Grimes, a ymgymerodd â'r gwaith o gloddio'r safle yn 1936–37 ac eto yn 1958–59, y porth oedd canolbwynt y blaengwrt crwm a oedd wedi'i fframio gan bresenoldeb dau faen a safai y naill ochr a'r llall i ben blaen y gromlech. Gwaetha'r modd, mae un o'r meini hyn ar ffurf bonyn yn unig ac mae un arall wedi diflannu. Yn ystod y gwaith cloddio hefyd, daethpwyd ar draws olion ymylon y garnedd o gerrig a thywyrch, 40 metr o hyd, a fyddai, yn ôl pob tebyg, wedi llwyr orchuddio'r maen capan a'r tir i'r gogledd ohono. Ac eithrio ambell ddarn mân o grochenwaith ac un pen saeth trionglog a naddwyd o fflint, ni chafwyd hyd i unrhyw wrthrychau o bwys nac olion claddedigaethau yn y siambr, er bod Sian Rees, awdur *A Guide to Ancient and Historic Wales: Dyfed*, o'r farn y byddai beddrod mor fawr â Phentre Ifan wedi cael ei ddefnyddio ar gyfer cydgladdiadau dros nifer o flynyddoedd.

Bellach, yr unig olion arhosol o'r beddrod mawreddog a'r unig atgof o'r gwaith llafurddwys ac ailadroddus a roes fod iddo yw'r meini mawr datgladdedig, pob un ohonynt yn ddarnau o'r creigiau folcanig lleol (tyffau llif-lludw) heb eu naddu, er bod Timothy Darvill, awdur *Stonehenge: The Biography of a Landscape*, o'r gamfarn y cawsai dolerit smotiog ei ddefnyddio wrth adeiladu'r gromlech borth ym Mhentre Ifan, a hynny mor gynnar â 3800 CC. Meini lleol yn unig yw'r rheiny a gwyd uwchlaw olion annelwig carnedd ysbeiliedig cromlech Pentre Ifan, siambr gladdu sydd, er gwaetha'r ffaith nad yw ei gwedd bresennol yn debyg i'w ffurf wreiddiol, yn dal i ddenu llif cyson o ymwelwyr sydd am brofi ei hynafiaeth a blasu dirgelwch un o gofadeiliau mwyaf ysblennydd penseiri'r cynfyd.

Llai adnabyddus a bach o ran maint o'i chymharu â chromlech Pentre Ifan yw Carreg Coetan Arthur, a saif gerllaw glannau aber afon Nyfer ar gyrion Trefdraeth. Daw'r pum maen igneaidd, garw a ddefnyddiwyd i godi'r siambr gladdu o lechweddau cyfagos Carn Ingli, er mai dim ond dau o'r meini unionsyth sydd yn cynnal y maen capan enfawr, lletemffurf. Cloddiwyd y safle yn 1979 ac 1980, gwaith a ddadlennodd y bu'r siambr gladdu yn rhannol dan orchudd carnedd grom o ddyddodion rhewlifol tywodlyd. At hynny, ac ymhlith gwrthrychau eraill megis tamaid o fwyell gaboledig ac offer fflint, cafwyd hyd i weddillion potiau Neolithig y credir iddynt gael eu defnyddio'n yrnau corfflosgi, gan i rywfaint o siarcol a darnau o esgyrn oedolion a gorfflosgwyd gael eu darganfod oddi mewn ac oddi amgylch i'r llestri toredig. Drwy garbon-ddyddio'r siarcol, mae'n ymddangos y cawsai'r beddrod ei godi oddeutu 5,500 o flynyddoedd yn ôl a'i ddefnyddio gan aelodau'r gymuned amaethyddol Neolithig yn ystod y pedwerydd milflwyddiant cyn Crist.

Cromlech Pentre Ifan: mae dau o feini'r blaengwrt i'w
gweld i'r dde o borth a maen capan y siambr gladdu

Carreg Coetan Arthur

Yn ôl pob tebyg, perthyn i'r un cyfnod y mae cromlech Pentre Ifan ac, o bosibl, Gerrig y Gof – neu Gerrig Atgof, yn ôl rhai – a saif ar dir preifat ar fin yr A487(T), ychydig dros 2.5 cilometr i'r gorllewin o Garreg Coetan Arthur. Anarferol a chymhleth, a dweud y lleiaf, yw siambr gladdu Cerrig y Gof sydd, mewn gwirionedd, yn gyfuniad o bump o siambrau bach wedi'u gosod oddi amgylch i dwmpath crwn 17 metr ar draws a 0.3 metr o uchder. Y mae i bob beddrod naill ai dau neu chwech o feini unionsyth, amrywiol iawn eu maint, a arferai gynnal y meini capan sydd bellach, ac eithrio un maen coll, yn gorwedd ar lawr. Cloddiwyd y beddrod hynod hwn, nad oes mo'i debyg yn unman arall yng Nghymru, gan yr hynafiaethydd Richard Fenton (1747–1821), ac fe geir cofnod o'i ddarganfyddiadau yn ei gyfrol *A Historical Tour through Pembrokeshire*. 'Having removed the lid stones of the cists,' meddai, 'and digging down about a foot through fine mould, I came to charcoal, and soon after discovered pieces of urns of the rudest pottery, some particles of bones, and a quantity of black sea pebbles.' Aeth ati hefyd i gloddio'r twmpath crwn a'r bylchau rhwng pob 'cistfaen', ond ni chafwyd hyd

Cerrig y Gof

Cerrig y Gof: un o bump o'r siambrau bach

i unrhyw wrthrychau ychwanegol. Yn wir, erys gwir arwyddocâd yr heneb hon, y cred rhai fod iddi nodweddion a berthyn i'r Oes Efydd gynnar, yn ddirgelwch.

Anarferol hefyd a chwbl wahanol i'w gymydog megalithig agosaf, Pentre Ifan, yw Bedd yr Afanc, a saif ar gyrion deheuol corstir Waun Brwynant. Y beddrod hwn, mae'n debyg, yw'r unig wir enghraifft yng Nghymru o fedd oriel ac iddo ffurf nid annhebyg i garneddau hirion

Bedd yr Afanc

Iwerddon. Mae'r bedd, a godwyd ar ben twmpath hirgul, isel, ar ffurf un ar ddeg pâr o feini bach unionsyth wedi'u gosod yn ddwy res led-gyfochrog â'i gilydd y naill ochr a'r llall i dramwyfa, sy'n arwain cyn belled â saith o feini bach wedi'u gosod ar ymylon siambr fach gron led-gaeedig ym mhen gorllewinol y gofadail. Er mawr syndod, ymddengys nad oedd y meini bach y mae eu pennau'n codi tua 0.5 metr uwchlaw arwyneb y tir erioed yn cynnal meini capan, gan nad oes yr un wedi'i ganfod yng nghyffiniau'r beddrod, a godwyd naill ai yn ystod y pedwerydd milflwyddiant cyn Crist neu ym mlynyddoedd cynnar y trydydd milflwyddiant. Fodd bynnag, cred archaeolegwyr y byddai'r bedd, na chafwyd hyd i unrhyw wrthrychau ynddo, wedi'i orchuddio'n wreiddiol dan garnedd o gerrig a thywyrch tua 18 metr o hyd a 10.6 metr o led.

Os mai diarffordd a chymharol ddi-nod yw Bedd yr Afanc, prin yw'r bobl a ŵyr am fodolaeth Cromlech y Mynydd, siambr gladdu ddadfeiliedig a saif yn rhannol mewn clawdd nid nepell o Groes Mihangel ac o fewn tafliad carreg i'r ffordd wledig rhwng Crymych a Mynachlog-ddu. Cyn i'r gromlech fynd â'i phen iddi, câi'r maen capan oddeutu pum metr o hyd, tri metr o led ac un metr o drwch ei gynnal gan bump o feini unionsyth. Ni wyddys beth a achosodd i'r gromlech ddymchwel, ond mae ei phresenoldeb yn tystio i'r ffaith na ellir llwyr ddiystyru'r posibilrwydd fod un neu ddau o feddrodau megalithig y fro na wyddom ddim amdanynt nawr, wedi'u chwalu'n fwriadol gan amaethwyr 'slawer dydd. Yn sicr ddigon, dyna a ddigwyddodd mewn rhannau eraill o Sir Benfro. A dyfynnu Steve Burrow, awdur *Cromlechi Cymru*: 'Er enghraifft, yn 1810 cofnododd Richard Fenton fod ffermwr-denant tua'r flwyddyn 1798 wedi chwythu dau o feini un o siambrau beddrod Llaneilfyw [ger Solfach] a'u symud ymaith.' Er nad yw unrhyw un o gromlechi'r Preselau wedi'i llwyr ddifrodi, roedd Burrow yn iawn i bwysleisio fod 'canrifoedd o ddwyn cerrig wedi symud bron yn gyfan gwbl y twmpathau a oedd ar un adeg yn gorchuddio'r beddrodau

Cromlech y Mynydd: un o feini'r gromlech ddadfeiliedig

megalithig, gan adael meini eu siambrau yn gwthio allan o'r ddaear fel esgyrn sychion a'u twmpathau yn aneglur'. Diau y bu'r gobaith o ganfod trysor yn gymhelliad i eraill ysbeilio a diberfeddu'r beddau, er nad oes dim i awgrymu i'w hymdrechion gael eu gwobrwyo.

Ac eithrio'r beddrodau megalithig, lle y gosodid gweddillion 'hoelion wyth' y cymunedau a'u cododd i orwedd, nid oes argoel o gartrefi'r cymunedau Neolithig ym mro'r Preselau. At hynny, ni wyddys pam y codwyd cromlechi'r ardal mewn mannau neilltuol, er ei bod hi'n

Cylch cerrig Gors Fawr

ymddangos mai presenoldeb cyflenwad digonol o glogfeini mawr o fewn cyrraedd i'r safleoedd a ddewisid a benderfynodd leoliad y beddrodau, 'yn hytrach na bod lleoliad y beddrod yn cael ei ddewis gyntaf', ys dywedodd Steve Burrow, 'a bod y deunyddiau crai angenrheidiol yn cael eu llusgo gydag ymdrech fawr i'r dewis fan'. Yn wir, erys y ffaith ddiymwad, na ellir ei gorbwysleisio ym mro'r 'cerrig gleision' bondigrybwyll, nad oes unrhyw enghraifft leol, nac yng Nghymru gyfan, yn ôl Burrow, 'lle y mae modd dangos bod megalithau wedi cael eu symud dros bellteroedd mawr er mwyn adeiladu beddrod mewn man penodol'.

Codwyd unig gylch cerrig yr ardal ar iseldir y Gors Fawr, dan drem Carn Meini, lle'r oedd digonedd o feini at ddefnydd yr adeiladwyr a'i cododd tua diwedd y cyfnod Neolithig (3000–2500 cc), a hynny yn ystod cyfnod pan oedd yr arfer o godi a defnyddio siambrau claddu yn prysur ddod i ben. Ni wyddys pam yr adeiladwyd y cylch amherffaith, tua 22.3 metr ar draws, er bod rhai o'r farn ffansïol ei fod yn rhyw fath ar galendr carreg cyntefig a ddefnyddid gan offeiriaid o seryddwyr, yn hytrach na man cyfarfod. Crëwyd y cylch – na chafodd archwiliad geoffisegol hyd i ddim o dan wyneb y tir y tu mewn iddo – drwy gasglu ynghyd 16 o feini dyfod cymharol fach, pob un ohonynt yn 'gerrig gleision' igneaidd lleol, er nad oes cynifer ag wyth ohonynt yn feini o ddolerit smotiog fel y myn Mike Parker Pearson yn *Stonehenge: A New Understanding*. Fel y dywedodd Aubrey Burl yn *A Guide to the Stone Circles of Britain, Ireland*

Un o feini iâ-dreuliedig cylch cerrig Gors Fawr

Bedd Arthur ar lechweddau dwyreiniol Talfynydd, gyferbyn â Charn Meini

*and Brittany*, dim ond un maen o ddolerit smotiog sydd i'w weld ymhlith y meini y mae eu harwynebau yn frith o gen. Mae'r meini i gyd yn rhan o waddol y llen iâ a oresgynnodd gopaon uchaf y Preselau tua 450,000 o flynyddoedd yn ôl ac a wasgarodd ei llwyth o gerrig treuliedig mawr a mân ar draws y corstir wrth i'r iâ ddadmer ac encilio tua'r gogledd.

Mwy enigmatig na chylch cerrig Gors Fawr yw Bedd Arthur, 16 o glogfeini bach wedi'u trefnu ar ffurf nid annhebyg i bedol, yn hytrach na chylch, ar lechweddau dwyreiniol Talfynydd, ychydig islaw Carn Bica, lle cafwyd y 'cerrig gleision smotiog' ar gyfer yr henebyn. Er bod y bedol yn hwy ac yn gulach o lawer na phedol fewnol Côr y Cewri, sy'n cynnwys 13 o 'gerrig gleision' y Preselau, myn Timothy Darvill fod y meini mor debyg o ran eu 'siâp, eu maint a'u cyfeiriadaeth' fel ei bod yn rhaid bod 'cysylltiad agos' rhwng y ddwy bedol. Yr awgrym anghredadwy yw bod Bedd Arthur, creadigaeth sy'n fwy diweddar o lawer na phedol fewnol Côr y Cewri yn ôl archaeolegwyr eraill, yn rhyw fath o brototeip i'r fersiwn a godwyd ar Wastadedd Caersallog.

Yn wahanol i Fedd Arthur, nid oes unrhyw amheuaeth ynghylch oedran lloc pen bryn Banc Du (334m), bryn sy'n codi uwchlaw croesffordd Tafarn Newydd nid nepell o Rosebush. Mae'r heneb, a ddaeth i'r amlwg am y tro cyntaf ar awyrluniau lliw a dynnwyd yn 1990, ar ffurf cyfres o ragfuriau lled grwn nad ydynt yn codi'n uwch nag ychydig gentimetrau yn unig mewn mannau. Ar ochr ogleddol allanol y lloc ac iddo ddiamedr o oddeutu 230 metr ceir olion ffosydd, a thrwy garbon-ddyddio peth o'r deunydd organig a oedd wedi ymgasglu ynddynt, gwyddys i'r adeiladwaith gael ei greu tua 3650 CC, yn ystod y cyfnod Neolithig. Ond i ba ddiben, dyn a ŵyr. Er bod ei leoliad ar gopa bryn yn awgrymu bod iddo arwyddocâd amddiffynnol, nid yw'r rhagfuriau tila a'r bylchau niferus ynddynt yn cadarnhau'r ddamcaniaeth honno.

*Saga'r Cerrig Gleision*

> Ichi shŵr o fod wedi blino ar gl'ed rhyw fachan Sisneg
> In arwen dinion obwtu'r lle
> Ac in adrodd ir un hen gân o hyd
> Fel se fe'n gwbod popeth am gyfrinache Wês i Cerrig ...
>> (Eirwyn George, o 'Cerrig Mowr Stônhenj',
>> cerdd yn nhafodiaith gogledd Penfro)

Tua 205 cilometr i'r de-ddwyrain o'r Preselau fel yr hed y frân, mae rhai o 'gerrig gleision' yr ucheldir yn ffurfio rhan o gylch cerrig cymhleth Côr y Cewri, yr henebyn hynod hwnnw a saif ar Wastadedd Caersallog ym mherfeddion canolbarth de Lloegr. Yno, oddi mewn i'r cylch allanol o gerrig sarsen anferthol, ceir casgliad o oddeutu deugain o 'gerrig gleision' llai o lawer eu maint, ar ffurf cylch mewnol a phedol fewnol. Yn ôl English Nature, ceidwad y safle, crëwyd y naill drefniant a'r llall tua 200 neu 300 mlynedd yn ddiweddarach na'r adeiladwaith carreg gwreiddiol a godwyd tua 2500 neu 3000 CC.

Côr y Cewri

O ystyried y cysylltiad rhwng meini estron Côr y Cewri a'r Preselau, mae'n syndod mai dim ond un awdur o Gymro, sef Owen Thomas Jones (neu OT, fel y'i gelwid yn ddiweddarach yn ei fywyd), a aned ym Mhlasnewydd, Beulah ger Castellnewydd Emlyn, a fentrodd fynd i'r afael â'r pwnc difyr a dadleuol hwn, ynghyd â thraethu arno yn ei famiaith. Cyn iddo gael ei benodi'n Athro Daeareg yn Aberystwyth yn 1910, Manceinion yn 1919 a Chaergrawnt yn 1930, tair prifysgol a fyddai'n elwa ar ddisgleirdeb ei yrfa academaidd, ymunodd OT ag Arolwg Daearegol Prydain yn 1903. Ymddiddorai mewn archaeoleg yn ogystal â daeareg, a diau mai ei ddiddordeb yng '[ngh]amp a chelfyddyd y cenhedloedd cynnar', ynghyd â'r ffaith iddo, yn ôl ei gyfaddefiad ei hun, gael ei eni 'o fewn golwg Carn Meini', a'i darbwyllodd i lunio un o'r erthyglau olaf o'i eiddo ar y testun, 'Cerrig Llwydion Carn Meini'. Fe'i cyhoeddwyd yn *Y Gwyddonydd* yn 1966, flwyddyn cyn y bu farw yng Nghaergrawnt yn 89 mlwydd oed.

Yn ystod blynyddoedd cynnar yr ugeinfed ganrif daeth copaon y Preselau yn gyfarwydd iawn i OT. Yn wir, yn 1908 yr oedd ef, yng nghwmni Herbert Henry Thomas ac aelodau eraill o staff yr Arolwg Daearegol, yn archwilio creigiau maes glo de Penfro. 'Yn ystod ein gwaith,' meddai, 'yr oeddem yn arfer nodi y cerrig estron oedd i'w cael mewn mannau ar wyneb y tir … Yn eu plith yr oedd un nodedig, sef carreg lwyd a nifer o frychau gwynion arni.' Dolerit smotiog oedd y garreg dan sylw, ac wedi i OT a'i gyd-weithwyr ymweld â chopa Carn Meini a'r carnau cyfagos, fe'u llwyr argyhoeddwyd mai 'o'r fan hynny y cludwyd y cerrig gan yr iâ tua gwaelod y sir'. Yn ddaearegol, roedd yn ddarganfyddiad o bwys oherwydd fe brofai y tu hwnt i bob amheuaeth fod llen iâ, rywbryd yn ystod yr Oes Iâ Fawr, wedi croesi de-orllewin Cymru a chopaon y Preselau gan lifo tua'r de-ddwyrain i gyfeiriad Bro Gŵyr a Bro Morgannwg ar lannau Môr Hafren. Ond yn bwysicach fyth, rhoes y gwaith ymchwil yn Sir Benfro gyfle i Herbert Henry Thomas ymgyfarwyddo ag union natur a chymeriad y dolerit smotiog.

Roedd Thomas, a ymunodd â'r Arolwg Daearegol yn 1901, wedi dechrau ymddiddori yn hanes cerrig estron Côr y Cewri wedi i'r archaeolegydd Edgar Barclay gyflwyno i'w sylw gasgliad o sglodion bychain o'r 'cerrig gleision'. 'Pan agorodd [Thomas] y parsel,' meddai OT, 'gwelodd ar unwaith fod y rhan fwyaf ohonynt yr un fath yn union â cherrig llwydion Carn Meini.' O'r cychwyn cyntaf, roedd Thomas yn amau mai o dde-orllewin Cymru y daethent, ond fe wyddai'r daearegydd hirben hwn na fedrai gadarnhau ei ddamcaniaeth heriol a'i dwyn i sylw'r byd a'r betws heb yn gyntaf ymweld â Chôr y Cewri ei hun. Daeth ei gyfle rai blynyddoedd yn ddiweddarach pan dderbyniodd gomisiwn gan Gymdeithas yr Hynafiaethwyr i fynd i'r afael â phroblem ddyrys y 'cerrig gleision'. Cyrchodd Wastadedd Caersallog tua 1920, pererindod a'i darbwyllodd y daethai'r rhan fwyaf o'r meini a ffurfiai'r cylch mewnol a'r bedol fewnol o blith doleritau smotiog Carn Meini a Cherrig Marchogion.

Fodd bynnag, honnai y daethai'r pedwar maen rhyolit o Garn Alw ac y cafwyd un maen arall ymhlith y tyffau (lludw folcanig calchaidd) a frigai ar gopa Foel Drygarn. Ond barnai mai darn mawr o Dywodfaen Cosheston, sy'n brigo ar lannau'r Ddaugleddau ger Llangwm a Cosheston yn ne Penfro, oedd Carreg yr Allor, y 'garreg las' fwyaf o ddigon y bernir ei bod yn pwyso dros saith tunnell. Cyhoeddodd Thomas ganlyniadau ei

Carn Alw: lluniwyd y garn o ryolit, lafa folcanig llwydlas, gwydrog ei wedd

waith ymchwil yn 1923, gan gau pen y mwdwl, i ryw raddau, ar broblem a oedd wedi blino daearegwyr a hynafiaethwyr gydol y bedwaredd ganrif ar bymtheg. Problem ddyrys arall a wynebai ymchwilwyr y bedwaredd ganrif ar bymtheg, yn ogystal â Thomas, oedd ceisio dyfalu pa gyfrwng fu'n gyfrifol am gludo'r casgliad cymysg o feini estron o'r Preselau cyn belled â Gwastadedd Caersallog.

Yn *Historia Regum Britanniae*, neu *Brut y Brenhinedd* fel yr arferai'r Cymry alw'r cronicl ffug-hanesyddol a luniwyd gan Sieffre o Fynwy tua'r flwyddyn 1136, ceir hanes sut y bu i Uthr Bendragon a'i fyddin gref o bymtheng mil o wŷr gyrchu Iwerddon. Yno, gyda chymorth dewiniaeth Myrddin, llwyddwyd i ddatgymalu Côr y Cewri, fel y gelwid y cylch cerrig ar 'Fynydd Kilara', ac yna allforio'r meini a'u codi drachefn ar Wastadedd Caersallog. Un daearegydd o glerigwr a gredai'r efengyl yn ôl Sieffre oedd y Parchg William Daniel Conybeare (1787–1857), a sefydlwyd yn ddeon Llandaf yn 1845. Ef oedd un o brif ladmeryddion y Dilyw-wyr, y garfan a gredai fod y Dilyw y sonnir amdano yn llyfr Genesis yn ffaith anwadadwy. Ni châi Conybeare, awdur yr erthygl 'Stonehenge Illustrated by Geology', a gyhoeddwyd yn 1833, unrhyw anhawster chwaith i goelio stori anhygoel Sieffre, ond coel gwrach oedd yr hanes hwnnw yn ôl y daearegydd J. W. Judd. Yn 1901 dadleuodd yntau y cafodd y 'cerrig gleision' eu cludo i Wastadedd Caersallog gan len iâ, ac er na wyddai neb ar y pryd o ble yn union y daethai'r cerrig estron, derbyniwyd ei ddamcaniaeth rewlifol gan archaeolegwyr a daearegwyr fel ei gilydd, hyd nes i Herbert Henry Thomas gyhoeddi ei erthygl dra dylanwadol yn dwyn y teitl 'The Source of the Foreign Stones of Stonehenge' yn 1923. Gwyddai fod llen iâ enfawr, rywbryd yn y gorffennol, wedi goresgyn y Preselau ac ymledu dros lwyfandir arfordirol de Penfro ond mynnai nad oedd unrhyw dystiolaeth ddaearegol i brofi bod y cyfryw len iâ wedi cyffwrdd ag arfordir Dyfnaint a Chernyw, heb sôn am lifo tua'r de-ddwyrain ar draws llawr Môr Hafren gan orchuddio'r iseldiroedd i'r gogledd a'r de o Fryniau Mendip yng Ngwlad yr Haf.

Yn ôl Thomas, felly, doedd damcaniaeth rewlifol Judd ddim yn taro deuddeg. Gan hynny, fe atgyfododd y syniad mai dyn a gludodd y meini o'r Preselau i Wastadedd Caersallog. Ond yn hytrach na chefnogi Edgar Barclay, awdur *Stonehenge and its Earth-Works* (1895), a gŵr a oedd yn frwd ei gefnogaeth i'r syniad mai dros y dŵr y cludwyd y cerrig, dadleuodd Thomas mai mintai o ddynion a'u llusgodd 'tua 170 neu 180 milltir [tua 280 cilometr]' dros fryn a dôl, cors ac afon, cyn belled â safle presennol Côr y Cewri. Wedi'r cyfan, fe fyddai'r fordaith, meddai, 'ac ystyried y fath gychod cyntefig a oedd yn bod bryd hynny yn anodd tu hwnt ac yn llawn peryglon'.

Derbyniwyd dyfarniad Thomas yn ddigwestiwn gan yr archaeolegydd E. Herbert Stone, awdur *The Stones of Stonehenge* (1924). Roedd ef yn gwbl dawel ei feddwl fod y daearegydd wedi 'cyflwyno rhesymau da o blaid cludiant dros y tir mawr yn unig'. Ond os oedd dadleuon y daearegydd yn bodloni'r archaeolegydd, fe'u gwrthodwyd gan V. Gordon Childe yn ei gyfrol *Prehistoric Communities of the British Isles*, a gyhoeddwyd bum mlynedd wedi marwolaeth annhymig Herbert Henry Thomas yn 1935. Haerodd Childe mai dros y môr y cludwyd y llwythi o 'gerrig gleision'. Ac nid yw'n syndod yn y byd iddo ddisgrifio'r daith fel 'gorchest forwriaethol ryfeddol' oherwydd, yn ei dyb ef, hwyliodd cyrchwyr y cerrig eu cychod llwythog yr holl ffordd o amgylch arfordir hir a chreigiog Dyfnaint a Chernyw (ac eithrio creigiau geirwon Land's End a Gwennap Head, pentiroedd y llwyddwyd i'w hosgoi, mae'n debyg, drwy halio'r cychod a'r meini dros y tir rhwng Whitesand Bay ger Sennen Cove a Gwavas Lake ger Newlyn). Ar ôl i'r fintai lanio rywle yng nghyffiniau safle presennol Christchurch, cam olaf y daith 1,000 cilometr o hyd, yn ôl Timothy Darvill, awdur *Stonehenge: The Biography of a Landscape*, oedd araf ymlusgo'u ffordd dros y tir tua'r gogledd a Gwastadedd Caersallog.

Gwrthod damcaniaeth Thomas hefyd a wnaeth R. J. C. Atkinson, awdur y gyfrol *Stonehenge: Archaeology and Interpretation*, a gyhoeddwyd gyntaf yn 1956. Ynddi, pwysleisiai'r awdur, a oedd yn

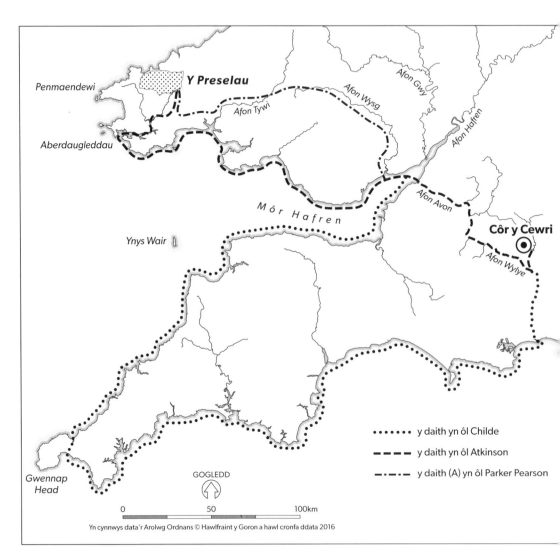

Y daith o'r Preselau i Gôr y Cewri, yn ôl Childe, Atkinson a Parker Pearson

Athro Archaeoleg yng Ngholeg y Brifysgol, Caerdydd, rhwng 1958 ac 1963, anawsterau dybryd y daith o'r Preselau i Wastadedd Caersallog pe dilynid llwybr dros y tir mawr yn unig. Ond nid oedd awgrym Childe yn gymeradwy ganddo chwaith. Yn anad dim, pellter y fordaith arfaethedig a flinai Atkinson y tro hwn, a dyma yntau felly yn cynnig gwelliant, siwrnai a fyddai, yn ôl Darvill, yn tocio bron 600 cilometr oddi ar hyd y daith. Ar ôl croesi'r tir hyd y fan lle y mae afon Cleddau Ddu yn ymarllwys i mewn i ddyfrffordd Aberdaugleddau, barnai Atkinson y byddai'r fintai a gludai'r 'cerrig gleision' wedi hwylio cyn belled â Phentir Santes Ann cyn troi eu golygon tua'r de-ddwyrain ac aber afon Avon ar lannau deheuol Môr Hafren. Dyma ddisgrifiad O. T. Jones o'r siwrnai 420 cilometr o hyd:

> Barna'r athro [Atkinson] iddynt, wedi cyrraedd Lloegr, ddal ymlaen ar hyd yr [sic] afon Avon heibio lle mae Bryste a Bath heddiw ac wedyn iddynt ddilyn cangen o'r afon i gyfeiriad Frome. Pan aeth yr afonig yn rhy gul rhaid oedd dadlwytho a chred eu bod wedi llusgo'r cerrig dros y tir at afonig arall, sef y Wylie [sic; Wylye], a arweinia i'r lle y mae tref Salisbury heddiw. Yno byddai yn rhaid iddynt fynd dros y tir eto er mwyn cyrraedd uchelfan Stonehenge.

Er i OT honni ei fod yn llwyr gytuno ag Atkinson, y gwir plaen yw nad oedd y daearegydd yn fodlon rhoi sêl ei fendith ar y daith a ddisgrifiwyd gan yr archaeolegydd. Llwybr 'ffwdanus iawn' ydoedd, ym marn OT, a diau mewn ymgais daer i achub ryw gymaint ar hygrededd hanes yr anturiaeth fawr honedig, dadleuodd o blaid llwybr posibl arall a nodwyd gyntaf ar fap a ymddangosodd yng nghyfrol Cyril Fox, *Life and Death in the Bronze Age* (1959). '[B]yddai yn llawer haws dadlwytho y cerrig yn Lloegr rhywle yn y man lle mae'r Mendips agosaf at y môr,' meddai OT, ac yna eu cludo ar geirt llusg 'o Fôr Hafren i Stonehenge gan gadw ar y tir uchel yr holl ffordd.' Ond wrth geisio dyfalu p'un ai 'rafftiau o goed neu yn fwyaf tebyg gychod crwyn tebyg i goraclau afon Teifi' a ddefnyddid i gludo'r cerrig, bu'n rhaid i OT druan gyfaddef mai 'dychymyg yw'r cwbl' – ymadrodd y gellid yn deg ei ddefnyddio i ddisgrifio ymdrechion Thomas, Childe, Atkinson a Fox i ddod o hyd i lwybr credadwy a fodolai rhwng y Preselau a Chôr y Cewri.

Y gwir yw nad oes rhithyn o dystiolaeth ategol ac annibynnol o blaid unrhyw un o'r pum siwrnai a awgrymwyd, er i W. F. Grimes, mewn ysgrif yn dwyn y teitl 'Archaeoleg' yn yr arweinlyfr *Pembrokeshire Coast National Park* a olygwyd gan Dillwyn Miles, ddatgan yn blwmp ac yn blaen fod Carreg yr Allor yn 'profi y tu hwnt i bob amheuaeth' fod cyrchwyr y meini wedi hwylio heibio i Cosheston yn ne Penfro ar gychwyn eu mordaith. Yn wir, roedd Atkinson ac eraill yn grediniol fod yr Argonawtiaid Neolithig wedi gorfod tynnu tua'r lan a chasglu slabyn mawr o dywodfaen llwydwyrdd Cosheston wedi i un o 'gerrig gleision' Carn Meini gwympo i mewn i ddyfroedd tywyll dyfrffordd Aberdaugleddau. Fodd bynnag, yn dilyn archwiliad manwl o union natur Carreg yr Allor, daeth y ddau ddaearegydd, Rob A. Ixer a Peter Turner, a gyhoeddodd ganlyniadau eu gwaith ymchwil yn 2006, i'r casgliad nad oedd y maen yn dod o dde Sir Benfro wedi'r cwbl, ond yn hytrach o blith tywodfeini'r Hen Dywodfaen Coch (sef y rheiny sydd yn wyrdd yn hytrach na choch!) sy'n brigo rhwng Cydweli a'r Fenni, ac y tu draw i Glawdd Offa.

Afraid dweud nad digon i R. J. C. Atkinson a'r lleill ddisgrifio llwybrau a oedd yn ffrwyth eu dychymyg. Llwyr sylweddolai Herbert Henry Thomas na ellid haeru mai gwŷr 'athrylithgar yn y grefft o godi pwysau a threfnu trafnidiaeth', chwedl E. Llwyd Williams, a gludodd y meini estron i Wastadedd Caersallog heb awgrymu beth a'u cymhellodd i ymgymryd â'r hyn oedd yng ngeiriau O. T. Jones yn 'orchest ryfeddol'. Yn ôl Thomas, fe'n gorfodir i gredu bod i'r cerrig gleision ryw arwyddocâd crefyddol arbennig. Yn wir, fe aeth gam ymhellach: 'ni ellir esbonio'r ffeithiau a'r cymhellion,' meddai, 'ond drwy ragdybio symud cylch cerrig hynafol o ochr ddwyreiniol y Preselau i Wastadedd Caersallog'. Dyna ddamcaniaeth wirioneddol feiddgar: dychmygu cylch cerrig ar lethrau'r ucheldir ac yna ei gludo fesul carreg ar hyd llwybr a oedd hefyd yn ffrwyth ei ddychymyg gan ailgodi'r henebyn drachefn oddeutu 280 cilometr o'i safle gwreiddiol.

Er gwaethaf gwreiddioldeb y syniad, doedd damcaniaeth Herbert Henry Thomas, a dderbyniwyd fel esboniad posibl gan V. Gordon Childe, ddim yn gymeradwy gan R. J. C. Atkinson, a gyfeiriodd yn ddigon swta at 'hurtrwydd' ei ddadl. Mynnai Atkinson a W. F. Grimes yntau nad oes digon o gylchoedd cerrig a henebion megalithig eraill ar hyd a lled gogledd Penfro i gynnal y gred mewn canolfan grefyddol o bwys wedi'i chanoli ym mro'r Preselau, heb sôn am ategu'r farn fod cryn weithgaredd dynol 'ar draws Bryniau Preseli', fel y myn Timothy Darvill. Eto i gyd, roedd Atkinson o'r farn fod yr ucheldir yn 'fynydd cysegredig'. 'Lle arbennig, hudol' yw disgrifiad Darvill ohono, ac fe grybwyllodd y posibilrwydd y câi'r garreg frech ei hun, 'gyda'i smotiau gwyn trawiadol', ei pharchu'n arbennig ar gyfrif ei 'phriodoleddau hudol ymddangosiadol'. At hynny, honna Darvill a'i gyfaill, Geoff Wainwright, cyd-awduron yr erthygl 'Among Tombs and Stone Circles', a gyhoeddwyd yn *O'r Witwg i'r Wern*, fod 'Carn Meini yn ganolfan ar gyfer seremonïau a chladdu, lle yr ystyrid bod y cerrig eu hunain a'r dŵr a fyrlymai o'r bryniau yn meddu ar bwerau arbennig'. Dychymyg yw'r cwbl, wrth gwrs. Yn wir, yn ei lyfr *Stonehenge: The Biography of a Landscape*, mae Darvill yn cyfaddef na all archaeoleg ateb y cwestiwn pam y cafodd y meini neilltuol sydd ar gael ar 'Fryniau Preseli ac o'u cwmpas' eu dewis ar gyfer Côr y Cewri. Ond nid ar y bryniau ac o'u cwmpas y cafwyd y meini yn ôl yr hyn a ddywed cyd-awduron 'Among Tombs and Stone Circles': 'Cafodd y cerrig gleision eu cloddio o glegyrau Carn Meini,' meddent, a 'dynion a gludodd oddeutu 80 o feini'r cerrig gleision 155 milltir (250km) o Fryniau Preseli i Gôr y Cewri.'

Nid oes rhagorach disgrifiad o gamp honedig gwŷr y cynfyd a'r hyn a'u hysgogodd i ymgymryd â'r orchest fawr ddychmygol na hwnnw a geir yn y gerdd 'Carn Caer-Meini' o eiddo W. R. Evans:

Clodforwn wŷr y cynfyd am eu camp
Yn llusgo eirch y cyfamodau hen
O ben y Garn i Aber y Ddau Gleddyf.
Yno mae'r môr yn gwlychu balchder cyrff
A'u hyrddio yn deganau o don i don,
Nes deffro holl gadernid y meini mynydd
Yn eu mêr.
      Poerant eu her i ddannedd ton
Gan gronni i'r awr holl egni einioes,
A dwyn, dros Wlad yr Ha', esgyrn eu ffydd
I'w hatgyfodi'n gylch o gnawd ac enaid
Yng Nghôr y Cewri.

'Cludwyd pedwar ugain o gerrig glas i Gôr y Cewri o Fynyddoedd y Preseli,' meddai John Davies hefyd yn ei gyfrol *Llunio Cymru*. Mae'r un ystadegyn wedi ymddangos mewn llu o lyfrau ac erthyglau. Ond nid ffaith mohono, ond damcaniaeth. Yn 1954, oddi mewn i wrthglawdd allanol yr heneb, daeth R. J. C. Atkinson o hyd i ddwy set o dyllau – y tyllau Q ac R fel y'u gelwid – yn y sialc, sef y graig sy'n sail i Wastadedd Caersallog. Ar y pryd, y gred oedd bod y tyllau, a oedd wedi'u llenwi â sialc toredig, yn rhan o ddau gylch, y naill y tu mewn i'r llall. Amcangyfrifwyd bod cyfanswm o 82 o dyllau, bod pob un yn cynnwys maen, a bod yr holl feini dychmygol yn 'gerrig gleision'. Fodd bynnag, mae'n ymddangos bellach na chafodd y ddau gylch erioed eu cwblhau. Er nad oes argoel o nifer fawr o'r tyllau tybiedig, myn Timothy Darvill (ac eraill) lynu'n benstiff wrth y gred i'r 'Cylch Dwbl o Gerrig Gleision' anorffenedig, a safai yng nghanol y gwrthglawdd allanol, gael ei godi o 'gynifer â 82 blocyn o ddolerit, rhyolit, a thwff ... a ddaeth o Fryniau Preseli'.

Y fordaith: darlun o waith Alan Sorrell, gyda chaniatâd caredig ei ferch, Julia Sorrell

Dim ond 43 o gerrig estron ('cerrig gleision') sydd yn rhan o adeiladwaith yr heneb: 29 yn y cylch mewnol; 13 yn y bedol fewnol; ac un, a adwaenir fel Carreg yr Allor, yn gorwedd ar ei phen ei hun. Eto i gyd, mae'n rhaid cydnabod bod ambell faen wedi cael ei gludo o'r safle ac eraill wedi dioddef peth difrod. Er enghraifft, yn yr ail ganrif ar bymtheg derbyniodd y pensaer, Inigo Jones, gomisiwn brenhinol i baratoi cynllun o Gôr y Cewri ond cyn iddo gwblhau ei waith roedd ambell 'garreg las' a nodwyd ganddo ar achlysur ei ymweliadau cyntaf wedi diflannu. Yn ystod y ddeunawfed ganrif, cyfeiriodd William Stukeley at yr ysfa anniwall am swfenîr a feddiannai nifer o'r bobl a ymwelai â Chôr y Cewri, llawer ohonynt wedi eu harfogi â morthwylion ac offer eraill i'w galluogi i dorri darnau oddi ar y meini.

O blith y 43 o gerrig estron, gwyddys bod ychydig dros 62% ohonynt yn ddolerit smotiog ond, yn groes i honiad Geoff Wainwright a Timothy

Darvill, mae'n ymddangos nad oes yr un ohonynt yn dod o Garn Meini. Ar sail astudiaeth geocemegol hynod fanwl o gerrig gleision doleritig Côr y Cewri, ynghyd â'r rheiny sy'n brigo ar y Preselau, mae'r tri daearegydd, Richard E. Bevins, Rob A. Ixer a Nick J. G. Pearce, cyd-awduron 'Carn Goedog is the likely major source of Stonhenge doleritic bluestones ...', a gyhoeddwyd yn *Journal of Archaeological Science* yn 2014, wedi profi y tu hwnt i bob amheuaeth resymol mai o gyffiniau Carn Goedog y daeth y rhan fwyaf o'r doleritau smotiog. Saif y garn honno ar uchder o 270 metr, fry ar lechweddau gogleddol yr ucheldir, ac 1.7 cilometr i'r gogledd-orllewin o Garn Meini (363m). Daeth 'cerrig gleision' eraill o Gerrig Marchogion a'r ardal rhwng Carn Breseb a Charn Ddafadlas. Ymddengys, felly, nad oes a wnelo 'cerrig gleision' Carn Meini a'r ffynhonnau yng nghyffiniau'r garn – a feddai ar bwerau arbennig yn ôl damcaniaeth ffansïol ac anwyddonol Wainwright a Darvill – ddim oll â hanes meini estron Côr y Cewri.

Carn Goedog

Craig Rhosyfelin

Yn y cyfamser, mae gwaith ymchwil a wnaed gan Richard E. Bevins, Rob A. Ixer, Peter C. Webb a John S. Watson, y cyhoeddwyd ei ganlyniadau yn *Journal of Archaeological Science* yn 2012, wedi dangos mai o Graig Rhosyfelin, ger Brynberian, y daethai llawer o'r darnau niferus o ryolit a geir yn gymysg â cherrig estron eraill yn yr haen garegog ym mhridd yr ardal o gwmpas Côr y Cewri. Clogwyn isel o lafa rhyolitig drylliedig ar lawr dyffryn afon Brynberian – sianel ddŵr-tawdd rewlifol hynafol – yw Craig Rhosyfelin. Dros y canrifoedd, bu rhew yn ystod cyfnodau rhewlifol yr Oes Iâ Fawr, a gwreiddiau coed, yn gyfrifol am hollti'r lafa llwydlas dalennog yn bileri a slabiau amrywiol iawn eu maint, a ymgasglodd yn bentwr blêr wrth odre'r clogwyn ac a ddefnyddid gan ffermwyr lleol 'slawer dydd i lunio pyst i gynnal clwydi.

Ar hyn o bryd, nid oes dim tystiolaeth i brofi mai Craig Rhosyfelin oedd tarddiad unrhyw un o'r pedwar piler o lafa rhyolitig sydd i'w cael ymhlith meini gleision Côr y Cewri. Eto i gyd, yn ei gyfrol *Stonehenge:*

*A New Understanding*, rhydd yr archaeolegydd Mike Parker Pearson fynegiant i'w farn fod Craig Rhosyfelin, a oedd yn rhan o fur hen sianel ddŵr-tawdd, yn 'chwarel Neolithig' berffaith ei chyflwr: 'not just a prehistoric quarry but a perfectly preserved one'. Serch hynny, ac eithrio rhai cerrig morthwyl honedig, ni chafodd yr archaeolegwyr a fu'n cloddio'r safle ar wahanol adegau rhwng 2011 a 2015 hyd i unrhyw geibiau corn carw, naddion, bwyeill nac offer eraill a ddisgwylid pe bai'r safle yn chwarel gynhanesyddol. Wrth odre'r clogwyn, ceir dilyniant o wahanol ddyddodion, gan gynnwys til rhewlifol yn ogystal â dyddodion ffrwdrewlifol ac ynddynt feini dŵr-dreuliedig a ddyddodwyd gan afon ddŵr-tawdd. Yn nhyb Parker Pearson, fodd bynnag, cerrig morthwyl a ddefnyddid gan y chwarelwyr Neolithig yw'r meini crwn. Wrth droed y dibyn hefyd, fe geir ymhlith y pentwr o flociau drylliedig a oedd wedi cwympo i'r llawr ar wahanol adegau dan ddylanwad disgyrchiant un maen mawr yn mesur 3.8 metr o hyd, 1.3 metr o led a 0.6 metr o drwch ac yn pwyso oddeutu wyth tunnell. Myn Parker Pearson mai monolith a gloddiwyd yn ystod y cyfnod Neolithig gyda'r bwriad o'i gludo i Wastadedd Caersallog yw'r maen arbennig hwnnw. Ond am ryw reswm nas datgelir, fe'i gadawyd ar ôl.

Fodd bynnag, bu'n rhaid i Mike Parker Pearson ddiwygio ei stori yn 2015. Ceir yr hanes mewn erthygl yn dwyn y teitl 'Craig Rhos-y-felin: a Welsh bluestone megalith quarry for Stonehenge', a luniwyd ganddo mewn cydweithrediad â 13 o awduron eraill ac a gyhoeddwyd yn y cylchgrawn *Antiquity* ym mis Rhagfyr 2015. Drwy garbon-ddyddio peth o'r deunydd organig a ganfuwyd o dan y monolith mawr gorweddol, daeth yn amlwg fod y maen hwnnw wedi cwympo i'r llawr yn ystod yr Oes Efydd gynnar, oddeutu mil o flynyddoedd wedi i'r llwyth o 'gerrig gleision' gyrraedd safle Côr y Cewri. Mae'n ymddangos, felly, nad oedd y maen wedi'i glustnodi ar gyfer Côr y Cewri wedi'r cwbl.

Er hynny, mae'n debyg fod Parker Pearson yn glynu wrth y farn y rhoes fynegiant iddi yn ei lyfr *Stonehenge: A New Understanding*, fod

Y maen mawr: 3.8 metr o hyd, 1.3 metr o led a 0.6 metr o drwch

y rhan honno o ddyffryn afon Nyfer rhwng Brynberian a Threfdraeth yn arfer bod yn un o 'hotspots', chwedl yntau, y cyfnod Neolithig cynnar ym Mhrydain. Mae'n debyg mai dyna'r rhagdybiaeth a'i darbwyllodd i atgyfodi'r ddamcaniaeth feiddgar ac anghredadwy honno o eiddo Herbert Henry Thomas bod y gymuned Neolithig wedi mynd ati yn y lle cyntaf i godi 'un neu fwy o gylchoedd cerrig' rywle yn yr ardal. Yna, am ryw reswm neu'i gilydd, penderfynwyd datgymalu'r cylchoedd a chludo'r meini dros 180 milltir [290km] i Gôr y Cewri. Atgyfodwyd hefyd ddamcaniaeth Thomas bod y 'cerrig gleision' wedi eu cludo dros y tir am y rhan fwyaf o'r ffordd i Wastadedd Caersallog. Yn wir, mae Parker Pearson o'r farn nad yw'r rhan fwyaf o archaeolegwyr bellach yn credu bod y 'cerrig gleision' wedi'u cludo dros y môr: 'I think most archaeologists are fairly sceptical now about the likelihood of ocean-going bluestones.' Iddo ef roedd y syniad o lusgo'r cerrig 'in long-distance relays' dros y tir, gan eu cyflwyno 'from one community to the next in a relay involving thousands of people', yn fenter fwy tebygol o lawer. Awgrymodd y byddai wedi bod

73

yn bosibl cyflawni'r orchest gyda chymorth tasglu o 'four thousand stone movers' yn ogystal ag ychen, yn ôl awdur anhysbys un o daflenni gwybodaeth Awdurdod Parc Cenedlaethol Arfordir Penfro sy'n dwyn y teitl cwbl gamarweiniol a chyfeiliornus, *Craig Rhosyfelin: source of the Stonehenge bluestones*, oherwydd gwyddys i sicrwydd nad Craig Rhosyfelin oedd tarddiad 'meini gleision enwog' cylch a phedol fewnol Côr y Cewri.

Ni chawn wybod sut yn y byd mawr y gwyddai trigolion de-orllewin Cymru unrhyw beth am ddaearyddiaeth de Cymru a de Lloegr, nac ychwaith sut y trefnwyd y gwaith o letya a bwydo'r fintai o filoedd ar eu hirdaith flinedig. A digon yw disgrifiad Mike Parker Pearson o'r llwybr dychmygol a ddilynwyd i danseilio hygrededd y mwyaf hygoelus o ddarllenwyr ei lyfr. Disgwylir iddynt gredu bod y daith ar draws de Cymru gyfan yn ystod y cyfnod hwnnw, pan oedd y rhan fwyaf o'r tir heb ei ddraenio ac o dan orchudd o goed a phrysgwydd, drain a drysi, a phan nad oedd pontydd yn croesi'r afonydd, 'yn gymharol rwydd'.

Yn gyntaf oll, teithiai'r fintai gref tua'r dwyrain ar hyd dyffryn afon Nyfer, gan halio'r meini trymion hyd y bwlch rhwng Foel Drygarn a'r Frenni Fawr er mwyn cyrraedd pen uchaf dyffryn afon Taf. Y cam nesaf oedd dilyn y dyffryn hwnnw tua'r de ac yna'r iseldir rhwng safleoedd presennol Sanclêr a Chaerfyrddin er mwyn cyrraedd Dyffryn Tywi. Anelu wedyn at gymer afonydd Tywi a Gwydderig, ger Llanymddyfri yr oes hon. Oddi yno, rhaid oedd dilyn ceunant creigiog, dwfn, coediog a throellog Cwm Golau–Cwm Dŵr ar i fyny cyn belled â bwlch Llywel–Trecastell, dringfa ('gentle incline', yn ôl Parker Pearson) o 175 metr dros bellter o oddeutu 15 cilometr. Y tu hwnt i'r bwlch ar uchder o 240 metr, roedd y daith, meddid, 'downhill past Brecon as far as the deepening waters of the River Usk'. Yna, ar ôl cyrraedd rhan isaf Dyffryn Wysg, gwyddai Parker Pearson y byddai wedi bod yn anodd osgoi teithio dros y dŵr, ond credai y byddai 'the calm waters [*sic*] of the Severn estuary [would] at least be easier to navigate than the ocean swells of the Irish

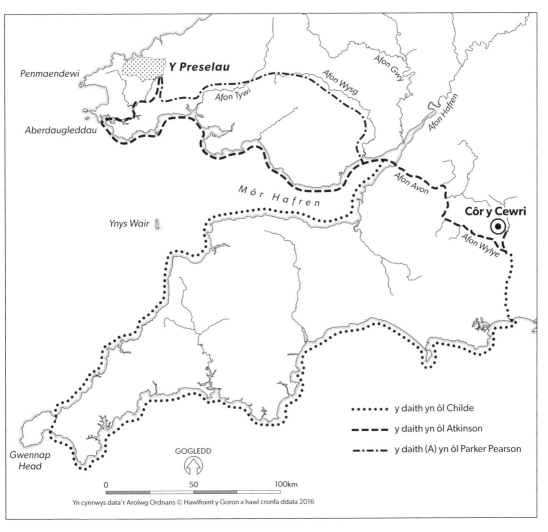

Penmaendewi

**Y Preselau**

Afon Gwy

Afon Wysg

Afon Tywi

Afon Hafren

Aberdaugleddau

Afon Avon

Môr Hafren

**Côr y Cewri**

Ynys Wair

Afon Wylye

y daith yn ôl Childe

y daith yn ôl Atkinson

y daith (A) yn ôl Parker Pearson

GOGLEDD

Gwennap
Head

0          50          100km

Yn cynnwys data'r Arolwg Ordnans © Hawlfraint y Goron a hawl cronfa ddata 2016

Sylwer yn arbennig ar y daith o'r Preselau i Gôr y Cewri dros y tir mawr, yn ôl
Parker Pearson (A)

Sea'. Ni ddatgelir o ble y cafodd cyrchwyr y cerrig afael ar y cychod oedd eu hangen i gludo'r meini i lawr afon Wysg, rhwng safle presennol Brynbuga a Môr Hafren, ar draws y môr ac yna i fyny afon Avon cyn belled â Bradford-on-Avon, o ble y llusgwyd y meini y 32 cilomet olaf i safle Côr y Cewri.

Nid oes unrhyw dystiolaeth o gwbl i brofi bod cludwyr honedig y cerrig gleision wedi dilyn y llwybr hwnnw dros y tir a ddisgrifiwyd gan Mike Parker Pearson. Yn wir, y mae ef a chyd-awduron yr erthygl 'Craig Rhos-y-felin: a Welsh bluestone megalith quarry for Stonehenge' o'r farn bendant a ganlyn: 'there is no evidence along any of the hypothesised routes for the bluestones having passed that way – whether by sea or by land'. Mae'n gyfaddefiad syfrdanol, cyfaddefiad a'u darbwyllodd, mae'n debyg, i gynnig fersiwn diwygiedig a mwy trafferthus fyth, yn ôl pob golwg, o'r llwybr damcaniaethol dros y tir.

Cam cyntaf y daith oedd cludo'r cerrig gleision – doleritau smotiog o Garn Goedog yn bennaf – i lawr afon Brynberian cyn belled â'i chymer ag afon Nyfer. Dilyn dyffryn yr afon honno tua'r dwyrain, cyn troi tua'r gogledd a chyrchu Dyffryn Teifi. Croesi'r wahanfa ddŵr rhwng afonydd Teifi a Thywi i'r de o Gastellnewydd Emlyn, gan ddilyn Dyffryn Tywi cyn belled â safle presennol Llanymddyfri. Rhwng y fan honno a chyffiniau'r Fenni, dilyna'r llwybr damcaniaethol afonydd Gwydderig ac Wysg. Yna, croesi dwy wahanfa ddŵr, y naill rhwng afonydd Wysg a Gwy a'r llall rhwng afonydd Gwy a Hafren. Ger safle pentref Longford, ychydig i'r gogledd o Gaerloyw, haerir y byddai wedi bod yn bosibl rhydio afon Hafren. Y rhwystr nesaf i'w orchfygu fyddai tarren serth Bryniau Cotswold. O gopa'r darren, ar uchder o 228 metr, fe fyddai wedi bod yn daith o oddeutu 80 cilometr, dros fryn, dôl ac afon, i gyrraedd safle Côr y Cewri, ar uchder o oddeutu 98 metr ar Wastadedd Caersallog.

Ar y daith draws gwlad, nid llai na 354 cilometr o hyd, mae Mike Parker Pearson a'i gyd-awduron o'r farn y byddai angen galw ar wasanaeth 60 o wŷr i gludo un o'r cerrig gleision o'r Preselau i Gôr y Cewri. I gludo 80

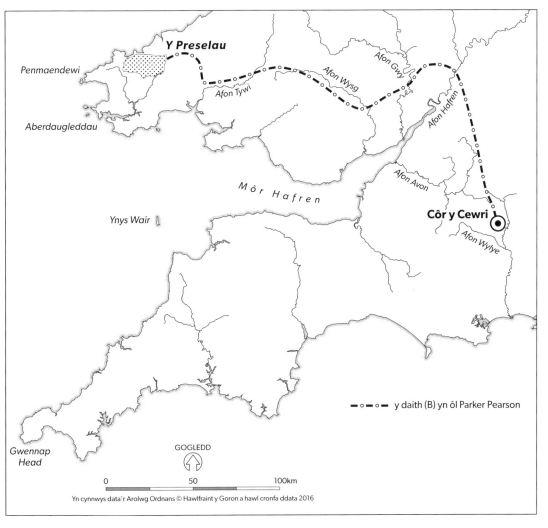

Penmaendewi

Y Preselau

Afon Tywi

Afon Wysg

Afon Gwy

Aberdaugleddau

Afon Hafren

Afon Avon

Môr Hafren

Ynys Wair

Côr y Cewri

Afon Wylye

Gwennap
Head

GOGLEDD

0    50    100km

- ○ - ○ - y daith (B) yn ôl Parker Pearson

Yn cynnwys data'r Arolwg Ordnans © Hawlfraint y Goron a hawl cronfa ddata 2016

Y daith ddiwygiedig dros y tir mawr (B), yn ôl Parker Pearson

maen – sef y nifer damcaniaethol a ddyfynnir yn amlach na pheidio gan haneswyr ac archaeolegwyr – byddai gofyn am gymorth gweithlu ufudd o 4,800, a hynny yn ystod cyfnod pan oedd Cymru yn wlad denau iawn ei phoblogaeth. Yn ôl yr archaeolegydd Steve Burrow, awdur *Cromlechi Cymru*, 'amcangyfrif ceidwadol o boblogaeth Cymru [gyfan] yn ystod y cyfnod [Neolithig] fyddai o leiaf 83,000 o bobl', yn wŷr, gwragedd a phlant. Camp nid bychan, felly, fyddai sicrhau gwasanaeth 4,800 o wŷr iach a chydnerth, a pharod i dorchi llewys, yn ardal y Preselau!

Ceir cred, ymhlith rhai archaeolegwyr yn bennaf, a honno'n gred gwbl gyfeiliornus, na allai llen iâ fod wedi bod yn gyfrifol am gludo'r llwyth cymysg o 'gerrig gleision' – cynifer â thri ar ddeg o wahanol fathau o gerrig estron mawr a mân o leiaf, gan gynnwys doleritau smotiog, doleritau, rhyolitau, tyffau (lludw folcanig) a thywodfeini – o dde-orllewin a de Cymru cyn belled â chyffiniau Gwastadedd Caersallog. Myn Geoff Wainwright a Timothy Darvill fod y fath ddamcaniaeth rewlifol wedi'i 'llwyr wrthbrofi gan ddaearegwyr, geomorffolegwyr a rhewlifegwyr', er bod Mike Parker Pearson yn cydnabod bod Arolwg Daearegol Prydain wedi cofnodi meini dyfod o'r Alban, gogledd Cymru a gogledd Lloegr yn swyddi Henffordd a Buckingham, swydd y mae rhan ohoni ar yr un lledred â Bro Morgannwg. Ceir meini dyfod – rhai o ogledd-orllewin yr Alban – mewn mannau ar hyd arfordir Dyfnaint a Chernyw. Mae meini o orllewin yr Alban i'w canfod yn ne Sir Benfro, ac fel y pwysleisia Brian John yn ei gyfrol gampus, *The Bluestone Enigma*, gwyddys am fodolaeth meini dyfod o dde-orllewin Cymru ym Mro Gŵyr, Bro Morgannwg ac ar Ynys Echni, yr ynys fechan yng nghanol Môr Hafren, rhwng Larnog a Weston-super-Mare. Mae meini o dde Cymru, ynghyd â rhai a godwyd oddi ar lawr Môr Hafren, wedi'u canfod hefyd mewn dyddodion rhewlifol yng nghyffiniau Kenn, pentref oddeutu 11 cilometr i'r gogledd-ddwyrain o Weston-super-Mare.

Dim ond llen iâ enfawr y llifai rhannau ohoni o'r gogledd-orllewin tua'r de-ddwyrain a rhannau eraill o'r gorllewin-gogledd-orllewin tua'r dwyrain-de-ddwyrain a allai fod wedi bod yn gyfrifol am y fath ddosbarthiad o feini dyfod, a hynny yn ôl pob tebyg yn ystod y cyfnod rhewlifol a ddigwyddodd tua 450,000 o flynyddoedd yn ôl, pan oedd y rhan fwyaf o Brydain, gan gynnwys Dartmoor yn ne-orllewin Lloegr, dan drwch o iâ. Mae cryn ansicrwydd ynglŷn â lleoliad terfyn dwyreiniol yr iâ a lanwai'r iseldiroedd i'r gogledd a'r de o Fryniau Mendip ond, ar sail y mân gerrig estron sydd i'w cael yn yr haen garegog ym mhridd yr ardal o gwmpas Côr y Cewri, y mae'n bosibl ei fod wedi ymestyn cyn belled â chyrion gorllewinol Gwastadedd Caersallog. Yno y gollyngodd y llen iâ y llwyth a gludai, gan gynnwys y 'cerrig gleision' cymharol fawr a gasglwyd ynghyd ymhen amser maith gan adeiladwyr Côr y Cewri. Yn wir, ni ellir gorbwysleisio'r ffaith na thrafferthai adeiladwyr cylchoedd cerrig megalithig lusgo meini dros ddegau lawer o gilometrau, heb sôn am gannoedd o gilometrau. Dengys astudiaethau'r archaeolegwr Aubrey Burl, awdur *The Stone Circles of the British Isles*, *Rings of Stone* a *Great Stone Circles*, mai'r arferiad ymhob rhan o Brydain yn ddiwahân oedd defnyddio deunydd lleol, weithiau'r graig leol, os oedd honno yn ateb y gofyn, ond bryd arall feini dyfod heb eu trin na'u naddu. Meini iâ-dreuliedig yw'r rheiny sy'n ffurfio cylch mewnol Côr y Cewri. Yr unig feini nadd yw'r rhai a ddefnyddid i godi'r bedol fewnol.

Mae Burl yn gwbl argyhoeddedig nad yw'r dystiolaeth archaeolegol a daearegol yn cadarnhau'r ddamcaniaeth mai dynion a gludodd y 'rag bag' o 'gerrig gleision', chwedl yntau, meini gwahanol eu natur a'u tarddiad, bob cam o dde-orllewin Cymru i Wastadedd Caersallog. Serch hynny, glynu wrth y gred ffansïol ac anwyddonol honno a wna Timothy Darvill, Geoff Wainwright, Mike Parker Pearson ac eraill, gan ddiystyru'r dystiolaeth ddaearegol sydd mor ddamniol iddi. Ond pwy a wad nad yw'r hanes am orchest cludwyr dychmygol y 'cerrig gleision', gwŷr a feddai, heb os, ar nerth a gallu goruwchnaturiol, wedi esgor ar chwedl gyfoes lawn cystal â'r stori honno am y campau anhygoel y bu'n rhaid i Culhwch eu cyflawni, yn ôl chwedl 'Culhwch ac Olwen' a gofnodir yn y Mabinogion.

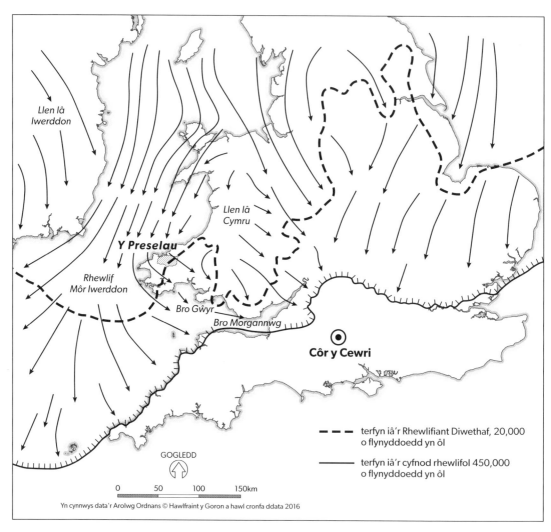

Patrymau llif yr iâ 20,000 o flynyddoedd yn ôl a 450,000 o flynyddoedd yn ôl

*Meini hirion a charneddau*

Yn ystod yr ail filflwyddiant cyn Crist, newidiodd statws Côr y Cewri a fuasai, mae'n debyg, yn ganolbwynt defodau a seremonïau achlysurol dros gyfnod o oddeutu 1,500 o flynyddoedd. Gyda threiglad amser, peidiodd â bod yn ganolfan o bwys. Murddun a berthynai i'r oes o'r blaen ydoedd bellach. Yn ystod yr un cyfnod, roedd trigolion bro'r Preselau yn prysur godi meini hirion, cofebion megalithig mwyaf niferus o ddigon yr ucheldir. 'Ac ar ffermydd yn gyffredin codwyd, wrth aredig, o'r pridd hen feini / A'u gosod i sefyll ar gaeau yn dyst i'r gyntefig oes', chwedl Gwenallt yn ei gerdd 'Sir Benfro', er nad oes nemor ddim tystiolaeth i gadarnhau'r gred mai ffermwyr mewn cyfnod mwy diweddar na'r Oes Neolithig neu'r Oes Efydd gynnar a'u cododd. Dyddio o'r un cyfnod â'r meini hirion y mae'r carneddau hefyd.

Megis y cromlechi, codwyd y rhan fwyaf o'r meini hirion ar y gweundiroedd wrth droed y bryniau, gan ddefnyddio pileri heb eu naddu, fel arfer, o'r creigiau igneaidd lleol. Yn ogystal â meini sengl, ceir hefyd barau, ac un enghraifft o res o feini, ond maent i gyd yn anodd

Meini hirion Tafarn y Bwlch

Meini hirion Waun Mawn

i'w dehongli a'u dyddio'n fanwl. Yr unig res gerrig yn siroedd Penfro, Ceredigion a Chaerfyrddin yw Parc y Meirw, Llanllawer, aliniad o wyth maen oddeutu 45 metr o hyd. Er mai hon yw'r rhes fwyaf o feini yng Nghymru, mae'n anodd i'w gweld a'i gwerthfawrogi gan i'r meini gael eu hymgorffori mewn clawdd pan gawsai'r tir ar lechweddau de-orllewinol Mynydd Llanllawer ei amgáu. Dim ond tri maen 2–2.7 metr o uchder sy'n dal i sefyll. Ni wyddom ddim oll am arwyddocâd yr heneb, er bod Sian Rees yn *A Guide to Ancient and Historic Wales: Dyfed* wedi mentro'r farn fod a wnelo'r aliniad â 'symudiadau'r haul, y lleuad neu'r sêr'.

Mae parau o feini hirion yn gymharol gyffredin, a bernir bod i'r rhain hefyd 'arwyddocâd arbennig', gan fod nifer o'r parau yn cydymffurfio â phatrwm arbennig, sef bod un maen yn bengrwn o'i gymharu â'i bartner pigfain. Ymhlith yr enghreifftiau gorau o'r fath barau, a gyffelybwyd i'r meini 'gwrywaidd' a 'benywaidd', fel y'u gelwir, a geir yn Avebury, nid nepell o Gôr y Cewri, mae meini hirion Cornel Bach, ger Maenclochog, a meini hirion Tafarn y Bwlch, a saif ar y rhostir rhwng Foel Eryr (468m) a Chnwc yr Hydd (339m). Mwy trawiadol yw meini hirion Waun Mawn, er mai dim ond un o'r pedwar maen sy'n dal ar ei draed. Arferid credu bod y meini hyn yn rhan o gylch cerrig ond ni ddatgelodd arolwg geoffisegol unrhyw dystiolaeth i gadarnhau'r ddamcaniaeth. Fodd bynnag, y meini hirion mwyaf trawiadol o ddigon yw Cerrig Meibion Arthur, dau faen dros ddau fetr o uchder a saif ar y gweundir corsiog gerllaw glannau afon Wern rhwng Talfynydd a Foel Cwmcerwyn, a'r ddwy garreg tua dau fetr o uchder ar y rhostir 134 metr i'r gogledd-ddwyrain o gylch cerrig Gors Fawr, er nad oes sicrwydd fod unrhyw gysylltiad rhyngddynt a'r cylch cyfagos.

Er bod meini sengl a pharau yn nodweddion cyffredin yn nhirwedd y Preselau, prin yw'r wybodaeth bendant am eu dyddiad a'u pwrpas. Dywedir bod Bedd Morris, y maen hir adnabyddus ger copa Mynydd Caregog (311m) ar fin y ffordd wledig rhwng Trefdraeth a Phont-faen, yn sefyll ar gyffordd dwy lôn hynafol sy'n croesi'r Preselau. Os gwir hyn, mae'n bosibl fod y maen yn nodwr llwybr a godwyd yn ystod yr Oes Efydd tua 3,500 o flynyddoedd yn ôl, a barnu yn ôl oed radiocarbon y

Cerrig Meibion Arthur

Meini hirion Gors Fawr

siarcol a ddarganfuwyd yn y twll y saif y garreg ynddo. Diau bod i feini eraill yr un swyddogaeth, er ei bod yn bosibl fod eraill yn dynodi lleoliad claddedigaethau neu fannau cyfarfod seremonïol, neu fod i'r meini ryw briod bwrpas calendraidd annelwig.

O ystyried pa mor niferus yw'r meini hirion, mae'n syndod na cheir yn yr ardal, nac yng Nghymru gyfan o ran hynny, unrhyw dystiolaeth o anheddau dynol a berthyn i'r Oes Efydd. Serch hynny, fe geir ar gopaon y bryniau yn bennaf domenni claddu, a adwaenir fel 'crugiau' os cawsant eu codi o bridd a thywyrch, neu garneddau yn achos y rheiny a adeiladwyd o gerrig. Y carneddau mwyaf trawiadol o ddigon yw'r tri phentwr mawr, crwn o gerrig sychion ar gopa Foel Drygarn. Tebyg o ran eu pryd a'u gwedd yw'r garnedd unigol ysblennydd ar gopa Foel Eryr, a honno ar gopa Carn Briw ar Fynydd Carn Ingli. Tomenni dan orchudd o laswellt a/neu frwyn yw'r rhan fwyaf o garneddau eraill y fro, megis y

Bedd Morris

Y pentyrrau o gerrig sychion ar gopa Foel Drygarn

pedair ar ben Foel Cwmcerwyn, y tair ar drum y Frenni Fawr, yr un ar gopa Foel Feddau, a gweddillion tomen gladdu Croes Mihangel a saif ar droed llechweddau dwyreiniol Foel Drygarn.

Mae gan bron pob un o grugiau'r Preselau bantiau yn eu canol sy'n tystio i'r ffaith anffodus y cyfeiriodd Steve Burrow ati yn ei gyfrol *Cromlechi Cymru*, sef bod 'cynifer o bobl llawn bwriadau da wedi cloddio beddrodau cyn y cafodd technegau cloddio archaeolegol eu datblygu. O ganlyniad, cafodd tystiolaeth a fyddai'n cael ei hystyried yn werthfawr heddiw ... ei bwrw o'r neilltu neu ei cholli yn ddiweddarach.' Un gŵr oedd yn euog o'r camwedd hwnnw ar fwy nag un achlysur oedd yr hynafiaethydd Richard Fenton, un o gyfeillion yr archaeolegydd a'r hynafiaethydd adnabyddus Syr Richard Colt Hoare, a oedd yn gymrawd o'r Gymdeithas Frenhinol a Chymdeithas yr Hynafiaethwyr. Yn hydref 1806 roedd bryd Fenton, fel y dywed yn *A Historical Tour through Pembrokeshire*, ar archwilio'r crugiau ar gopa Foel Cwmcerwyn. Ar godiad yr haul ac yn llawn cyffro, aeth ef a'i gymdeithion ati i ddiberfeddu un ohonynt:

We were not long at work before we discovered that under the outward green-sward there was a carnedd of pretty large stones. We removed those in the centre, and came to a large coarse stone that covered a circular cist regularly lined round the sides with flags, and with a flag at bottom, on which an urn was placed with its mouth downwards ... The urn [a oedd wedi torri'n deilchion] contained a large quantity of charcoal ashes and small pieces of bone not perfectly calcined.

Roedd Fenton uwchben ei ddigon. Edrychai ymlaen yn eiddgar at ddwyn ffrwyth ei lafur yntau a'i gyd-gloddwyr i sylw mintai o'i gyfeillion bonheddig a mwynhau gwledd yn eu cwmni. Ond, gwaetha'r modd, dryswyd ei gynlluniau gan oriogrwydd y tywydd hydrefol:

About one o'clock the cavalcade of ladies and gentlemen in carriages and on horseback, with their attendants, followed by the sumpter cart, made their appearance, and as they wound their

Y garnedd unigol ar gopa Foel Eryr

Un o'r crugiau a archwiliwyd ar gopa Foel Cwmcerwyn

toilsome march up the mountain's side, formed a most splendid and picturesque spectacle … but the wind became high and cold, the horizon darkened, and the gathering clouds portended rain, so instead of having our cold collation as was intended in the clouds it was by unanimous consent agreed to transfer the banquet scene to the little inn in the village of Mânclochog. And I may confidently say, that the miserable public-house which received us never witnessed to such guests or so plentiful and elegant a collation ... a repast which, heightened by the recollection of the mountain scene, we all enjoyed, and rose from, at parting, highly gratified with the adventures of the day.

Bu Fenton a'i gyd-weithwyr hefyd yn gyfrifol am gloddio crugiau'r Frenni Fawr. Yn y garnedd a saif 500 metr i'r gogledd-orllewin o gopa'r bryn, darganfuwyd 'fragments of a large urn of very rude pottery, and half-burnt bones in a thick black sediment', ond ni chafwyd hyd

Un o grugiau'r
Frenni Fawr

Olion tomen gladdu Croes Mihangel a archwiliwyd yn 1958 ac 1959

i olion unrhyw gladdedigaeth ym mherfeddion y ddwy garnedd ar y copa. Barnwyd bod y rheiny wedi'u hysbeilio gan rywun neu rywrai a chwiliai am drysor yn unig. Doedd Fenton ddim yn ysbeiliwr, fel y tystia ei ddisgrifiadau gwerthfawr o'i gloddiadau a'r gwrthrychau y cawsai hyd iddynt. Eto i gyd, cael eu colli yn ddiweddarach fu hanes y trysorau archaeolegol a ddarganfuwyd ganddo.

Yn ffodus, nid dyna hanes y gwrthrychau y daethpwyd o hyd iddynt yn nhomen gladdu Croes Mihangel, twmpath ac iddo'n wreiddiol ddiamedr o oddeutu 18 metr. Fe'i harchwiliwyd yn 1958 ac 1959 dan gyfarwyddyd Wilfred Harrison, a oedd ar y pryd yn guradur mygedol Amgueddfa Dinbych-y-pysgod. Yng nghrombil y crug, darganfuwyd pum wrn claddu yn amrywio rhwng 20 a 40 centimetr o uchder. Roedd dau o'r yrnau claddu neu ddiodlestri (biceri), a orweddai y tu mewn i gelloedd o gerrig a chlai, yn cynnwys gweddillion corfflosgiad dynol, yr arfer angladdol a oedd wedi disodli'r claddedigaethau a nodweddai'r cyfnod Neolithig a'r Oes Efydd gynnar. Mae rhai o'r yrnau i'w gweld hyd heddiw yn Amgueddfa ac Oriel Gelf Dinbych-y-pysgod.

*Bryngaerau*

Dywed John Davies yn *Llunio Cymru* mai'r bryngaerau yw'r amlycaf
o blith olion llunwyr Cymru yn yr oesoedd cynhanesyddol. At hynny,
fe geir oddi mewn ac oddi allan i'w rhagfuriau dystiolaeth doreithiog
ynglŷn â thrigfannau trigolion Cymru, a hynny am y tro cyntaf yn hanes
y wlad.

Mae bryngaer Foel Drygarn, a chanddi arwynebedd o oddeutu pedwar
hectar, yn un o'r rhai mwyaf yn ne-orllewin Cymru, bro'r Demetae, un
o lwythau'r Oes Haearn. Amgylchynir y rhan helaethaf o gopa'r foel gan
ddau fur wedi'u codi o gerrig a phridd. Fodd bynnag, nid yw'r muriau
yn ymestyn yn ddi-dor ar draws y tir ychydig i'r de o'r copa, gan fod y
clogwyni yn y fan honno yn amddiffynfeydd naturiol, effeithiol. Y tu
allan i'r mur allanol, a oedd hyd at 3.5 metr o uchder, ceir trydydd mur
yn amgáu clostir ar lethrau gogledd-ddwyreiniol y bryn. Oddi mewn i
furiau'r gaer y mae dros 225 o bantiau crynion bas y credir eu bod yn
olion cytiau crynion (llwyfannau cytiau) cymharol fach eu maint. Yn
1899 archwiliwyd safleoedd 27 ohonynt gan yr archaeolegydd S. Baring-
Gould a dau gyd-weithiwr ond ni ddaethpwyd o hyd i olion muriau
cerrig yn unman. Credir, felly, mai bangorwaith a dwb a ddefnyddid i
godi muriau'r cytiau a gwellt neu frwyn ar y toeau. Er na chafwyd hyd
i gasgliad helaeth o wrthrychau chwaith, fe ddarganfuwyd yr eitemau a
ganlyn: tameidiau o siarcol; darnau o haearn rhydlyd; darnau o esgyrn
a dannedd ychen; sidelli; breichledau cerrig; pentyrrau o gerrig crynion
dŵr-dreuliedig; darnau o grochenwaith, gan gynnwys crochenwaith
Rhufeinig; gleiniau gwydr; a gwrthrychau a ymdebygai i lampau cerrig.
Mae'r rhan fwyaf ohonynt ymhlith casgliadau Amgueddfa ac Oriel Gelf
Dinbych-y-pysgod bellach.

Er mai bach yw bryngaer Foel Drygarn o'i chymharu â rhai o'r
caerau mawrion ar hyd gororau Cymru, tystia ei maintioli, yn ôl John
Davies yn ei gyfrol *Hanes Cymru*, i fodolaeth 'cymdeithas hierarchaidd
ac ynddi rywrai â'r grym i orfodi eraill i lafurio'. Ac megis bryngaerau

Olion muriau a chytiau crynion ar gopa Foel Drygarn
(trwy garedigrwydd Comisiwn Brenhinol Henebion Cymru)

eraill, ymddengys fod i'r gaer, a godwyd rhwng 650 CC ac OC 100 yn ôl pob tebyg, arwyddocâd milwrol, er nad yw ei lleoliad yn safle milwrol anorchfygol o bell ffordd. Pentref caerog ydoedd a allai, dros ganrifoedd lawer, gynnig noddfa achlysurol dros dro i nifer nid ansylweddol o bobl a'u hanifeiliaid. Ychydig a wyddom am union natur hinsawdd yr Oes Haearn, ond y gred yw ei bod yn oerach ac yn wlypach na'r canrifoedd blaenorol. O'r braidd, felly, y gellir dychmygu cymuned yn byw ar gopa gwyntog, digysgod Foel Drygarn drwy gydol y flwyddyn ac yn enwedig gefn gaeaf, pa mor ddiddos bynnag yr oedd y cytiau oddi mewn i furiau'r gaer. Os yw'n rhesymol credu 'mai cartref i fugeiliaid haf', chwedl John

Awyrlun o gaer Carn Alw. Mae'r *chevaux de frise* o boptu'r llwybr cul sy'n arwain at borth y gaer

(trwy garedigrwydd Comisiwn Brenhinol Henebion Cymru)

Caer Carn Alw a'i rhagfur adfeiliedig

Davies yn *Hanes Cymru*, oedd y pentref oddi mewn i furiau caer Tre'r Ceiri ar lethrau'r Eifl yn Llŷn, mae'n dra phosibl mai yn ystod misoedd yr haf yn unig yr arferai aelodau o'r gymuned amaethyddol leol gyrchu copa'r foel, tra porai eu hanifeiliaid y caeau bach y gwelir rhai o'u holion a'u cloddiau ar lechweddau gogleddol y Preselau.

O'u noddfa dymhorol, gallai preswylwyr bryngaer Foel Drygarn weld dwy o gaerau eraill yr ardal: Carn Alw, 99 metr islaw copa'r foel a chwta ddau gilometr i'r gorllewin ohoni, a bryngaer fawreddog Carn Ingli, oddeutu 8.5 cilometr tua'r gogledd-orllewin. Mae caer hirgron, fach Carn Alw yn llechu o dan gysgod y rhan honno o glogwyn Carn Alw sy'n wynebu'r gogledd-orllewin. Fe'i hamddiffynnir gan un rhagfur adfeiliedig o gerrig sychion lleol y mae ei naill ben a'r llall ynghlwm wrth odre'r clogwyn. Pennaf nodwedd y safle yw'r *chevaux de frise*, enghraifft brin iawn o ddyfais sy'n amddiffyn mynedfa'r gaer, ar ffurf meini mawrion a cherrig pigfain llai wedi'u gosod ar eu pennau yn y ddaear o boptu'r llwybr cul a arweiniai at borth y gaer. Ei diben oedd rhwystro ymosodwyr – marchogion yn bennaf – rhag cyrraedd y

Rhan o ragfuriau dadfeiliedig caer Carn Ingli sy'n bwrw ei threm dros Fae Trefdraeth

porth. Mae bryngaer Carn Alw hefyd yn wahanol i gaerau cyfagos Foel Drygarn a Charn Ingli gan nad oes unrhyw olion anheddau oddi mewn i'w muriau. Awgrymwyd, felly, nad safle pentref caerog mohono ond hafoty, neu noddfa y gallai ei phreswylwyr droi i mewn iddi os oeddent dan fygythiad cymdogion anghyfeillgar a'u bryd ar feddiannu eu tiroedd a lladrata eu cnydau a'u hanifeiliaid. Yn wir, un o nodweddion y tir yng nghyffiniau Carn Alw yw'r olion niferus o hen gaeau, anheddau a llwybrau, sy'n dyddio o'r cyfnod cynhanesyddol, yn ôl pob tebyg.

Mae bryngaer hynod drawiadol Carn Ingli, a saif ar uchder o oddeutu 340 metr ym mhen dwyreiniol Mynydd Carn Ingli, yn bwrw ei threm dros rannau o arfordir gogledd Penfro ynghyd â'r dyffrynnoedd i'r gogledd, i'r dwyrain ac i'r de o'r ucheldir. 'Carn Englyn,' meddai Richard Fenton, 'affords a most pleasing prospect of the bays of Newport and

Fishguard. Its summit, like that of most of the heights in this district, bears marks of early habitation, enclosures of various forms occurring amongst the wildest and most broken parts of it.' Ac eithrio yn y mannau hynny lle mae serthrwydd llechweddau creigiog a charegog y garn yn amddiffynfa naturiol ddigonol, mae rhagfuriau dadfeiliedig y gaer yn amlwg, yn enwedig i'r sawl sy'n cyrchu'r copa o'r gogledd neu'r gorllewin. Fodd bynnag, mae presenoldeb y deuddeg mynedfa sy'n bylchu'r rhagfuriau'n bwrw peth amheuaeth ar arwyddocâd milwrol tybiedig y safle y cred rhai iddo gael ei amgáu gyntaf yn ystod y cyfnod Neolithig. Oddi mewn i'r gaer hirgron 400 metr o hyd a rhwng 100 a 140 metr o led, ceir olion 25 o dai crwn neu bedronglog a ddarparai noddfa ar gyfer tua 150 o bobl, o bosibl. Ar lethrau gorllewinol a dwyreiniol yr ucheldir a'r tu allan i furiau'r pentref caerog, mae nifer o gaeau bach wedi'u hamgylchynu gan waliau cerrig, y credir iddynt gael eu defnyddio gan ffermwyr yr Oes Haearn i godi cnydau neu i gorlannu eu hanifeiliaid. Mae olion ffermydd a thai crwn a godwyd o gerrig hefyd i'w gweld ar lethrau gogledd-ddwyreiniol a de-orllewinol y garn, er nad oes unrhyw sicrwydd fod yr anheddau hyn yn cydoesi â phentref caerog y fryngaer. Yn wir, yn ei gyfrol *Pembrokeshire: Historic*

Olion waliau sychion hen gaeau ar lethrau dwyreiniol Carn Ingli

*Landscapes from the Air*, dywed Toby Driver fod gwaith ymchwil a gyflawnwyd yn ystod y 1980au a'r '90au yn awgrymu bod nifer o'r hen gaeau a llwybrau yn dyddio o'r Oes Efydd.

Saif bryngaer fach a chymharol ddi-nod Carn Ffoi ar uchder o oddeutu 210 metr ar lechweddau gogledd-orllewinol Mynydd Carn Ingli, tua 1.5 cilometr yn unig o'i chymdoges fawreddog ar gopa Carn Ingli, er na wyddys a oedd unrhyw gysylltiad uniongyrchol rhwng y naill safle a'r llall. Bach yw'r llain o dir a amgaeir gan y rhagfur caregog dadfeiliedig sy'n cysylltu cyfres o glegyrau o dan gysgod clogwyni'r garn. Mae'n bosibl fod y ddau fwlch yn y rhagfur yn dynodi lleoliadau dwy fynedfa wreiddiol y gaer a ddefnyddid gan y gymuned fach a drigai oddi mewn iddi, a barnu yn ôl olion y cylchoedd cytiau cerrig y gellir eu holrhain ar ochr fewnol y rhagfur a godwyd o feini igneaidd lleol.

Er i'r Oes Haearn, a wawriod tua 2,700 o flynyddoedd yn ôl, ddod i ben tua'r flwyddyn OC 500, ni wyddys pryd y cefnodd trigolion bryngaerau'r

Carn Ffoi

Cadair Facsen

Preselau ar ddiogelwch cymharol eu pentrefi caerog. Ond ymddengys
na ddigwyddodd hynny tan ymhell ar ôl i'r cyfnod Brythonig-Rufeinig
ddirwyn i ben – cyfnod a fu'n dyst i'r datgoedwigo y rhoes yr amaethwyr
Neolithig gychwyn arno, yn ogystal ag ymlediad gorgorsydd megis Waun
Brwynant ar draul y coetiroedd brodorol, yn enwedig o dan ddylanwad
hinsawdd oerach a gwlypach yr Oes Haearn.

Aeth dros ganrif heibio rhwng glaniad y Rhufeiniaid ar arfordir Caint
ym mis Awst 55 CC a'u hymosodiadau niferus ar Gymru a'i chyffiniau
rhwng OC 48 a 79. Erbyn OC 75–80 roeddent wedi sefydlu rhwydwaith
o ffyrdd a chaerau ledled Cymru, ac eithrio de-orllewin y wlad lle nad
oes unrhyw olion o'u presenoldeb milwrol y tu hwnt i Gaerfyrddin
(Maridunum), safle'r gaer a sefydlwyd yno tua OC 75. Ym mro llwyth
y Demetae, ymddengys yr âi bywyd yn ei flaen yn ddigyfnewid. Ond
os nad oedd preswylwyr y bryngaerau o dan iau Rhufain, mae'r darnau
o grochenwaith Rhufeinig a ddarganfuwyd wrth gloddio bryngaer Foel
Drygarn yn awgrymu y deuai'r brodorion i gysylltiad â'r goresgynwyr
o bryd i'w gilydd. Ac os gwir yr hanes a gofnodir yn 'Breuddwyd

Macsen' yn y Mabinogion, tua'r Preselau y troes golygon Macsen Wledig (Magnus Maximus), cadlywydd Rhufeinig a gyhoeddwyd yn ymherodr gan ei fyddin ym Mhrydain yn OC 383, pan oedd ar ymweliad â thref Maridunum: 'A rhyw ddiwrnod fe aeth yr ymherodr i Gaer Fyrddin ac fe aeth i ben y Frenni Fawr. A chodi pabell a wnaeth yr ymherodr yno a Chadair Facsen y gelwir y gwersyll hwnnw oddi ar hynny hyd heddiw.'

*Meini arysgrifenedig yr Oesoedd Canol Cynnar*
Yn ystod y bedwaredd a'r bumed ganrif, pan lithrodd Prydain o afael yr Ymerodraeth Rufeinig, y dechreuodd ffydd Gristnogol 'Oes y Saint' ledaenu mewn modd rhyfeddol yng Nghymru. Meini arysgrifenedig a chofgolofnau Cristnogol cynnar yw'r unig wrthrychau i oroesi o'r cyfnod pwysig hwn, pan oedd de-orllewin Cymru yn arbennig yn gartref nid yn unig i Gristnogion a siaradai iaith Geltaidd (y Frythoneg), ond hefyd i aelodau o lwyth Gwyddelig y Deisi, fel y tystia'r meini ac arnynt arysgrif ogam. A thystiolaeth y meini, sy'n dyddio'n bennaf o'r bumed i'r nawfed

Croes blethedig wedi'i cherfio ar biler o ddolerit smotiog;
Eglwys Brynach Sant, Nanhyfer

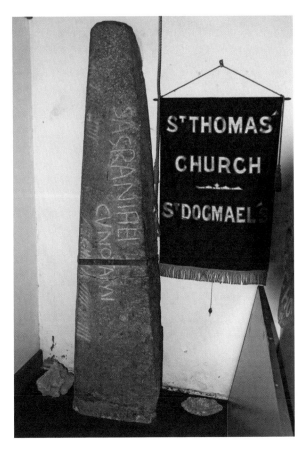

Piler o ddolerit smotiog ac arno arysgrif Ladin ac ogam;
Eglwys Sant Thomas, Llandudoch

ganrif, a barodd i'r archaeolegydd V. E. Nash-Williams, awdur *The Early Christian Monuments of Wales*, ailenwi'r 'Oesoedd Tywyll' yn 'Gyfnod Cristnogol Cynnar', mor bell ag yr oedd Cymru yn y cwestiwn.

O blith y 139 o gofgolofnau a gofnodwyd yn Sir Benfro gan Nancy Edwards yn *A Corpus of Early Medieval Inscribed Stones and Stone Sculpure in Wales, Volume II: South-west Wales*, pileri o ddoleritau smotiog a doleritau cyffredin carnau'r Preselau a gawsai eu hollti'n feini parod gan y rhew a ddefnyddiwyd i lunio 23 ohonynt. Mae'r rhan fwyaf o ddigon o'r cofebion i'w canfod i'r gogledd o'r ucheldir, yn enwedig yn yr ardal

Piler o ddolerit smotiog ac arno arysgrif Ladin a chroes;
Eglwys Dewi Sant, Bridell

rhwng Nanhyfer a Llandudoch–Llechryd, dosbarthiad sy'n cadarnhau
mai pobl, nid llen iâ a lifai tua'r de, a'u cludodd i leoedd megis Nanhyfer,
Llandudoch, Bridell, Cilgerran a Chlydau lle'r oedd galw amdanynt. Fodd
bynnag, rhwng Llandeilo, ger Maenclochog, a Merthyr yng ngorllewin Sir
Gâr ceir pum cofgolofn a luniwyd o bileri o ddolerit smotiog y Preselau a
gludwyd tua'r de a'r de-ddwyrain nid gan ddynion ond, yn ôl pob tebyg,
gan yr un llen iâ a gludai'r 'cerrig gleision' draw i gyffiniau Côr y Cewri.
Mae'r meini i'w gweld heddiw yn Eglwys y Santes Fair, Maenclochog;
Eglwys Tysilio Sant, Llandysilio; ar dir fferm Parciau, Henllan Amgoed;
Eglwys Brynach Sant, Llanboidy ac Eglwys Sant Martin, Merthyr.

Piler o ddolerit smotiog ac arno arysgrif Ladin yng nghyntedd
Eglwys Sant Martin, Merthyr

Y meini cynharaf a godwyd (rhwng y bumed a'r seithfed ganrif yn
bennaf) yw'r pileri syml ac arnynt arysgrifen wedi'i thorri mewn Lladin
a/neu ogam a ddefnyddid i ddynodi lleoliad beddau pendefigion. Perthyn
i gyfnod diweddarach (y seithfed i'r nawfed ganrif yn bennaf) y mae pob
un o'r meini hynny sydd wedi'u hysgythru â chroes yn unig neu groes a
ysgythrwyd ar faen cynharach ac arno arysgrifen yn yr iaith Lladin a/neu
ogam. Heb os, codwyd y mwyafrif o'r meini hynny ac arnynt groesau
arysgrifenedig ar safleodd eglwysig ac fe geir casgliad o bedwar ar dir
Eglwys Dewi Sant, Llanychlwydog, Cwm Gwaun. Carnau'r Preselau i'r
dwyrain o Gwm Gwaun yw tarddiad dau o'r meini ond fe ymddengys y

Mae croes gerfiedig i'w gweld ar bedwar o'r meini a saif ar dir hen
Eglwys Dewi Sant, Llanychlwydog, sydd bellach yn dŷ

cawsai'r ddau faen arall eu cludo o'r Graig Lwyd, mewnwthiad igneaidd (microdiorit) ychydig dros 2.5 cilometr i'r de-orllewin o safle'r eglwys, sydd bellach wedi'i thrawsffurfio'n dŷ.

Carnau'r Preselau hefyd yw tarddiad y ddau ddarn o ddwy graig igneaidd wahanol y naddwyd Croes Brynach ohoni, y gofgolofn Gristnogol gynnar harddwych honno a saif ym mynwent Eglwys Brynach Sant, Nanhyfer. Lluniwyd y groes odidog hon, sy'n dyddio o ail hanner y ddegfed ganrif neu flynyddoedd cynnar yr unfed ganrif ar ddeg, mewn dwy ran. Mae'r colofnfaen (tua 3m o uchder) yn cynnal pen olwynog (tua 0.9m o uchder) ac iddo wddf cwta ac ysgwyddau culion, y naill wedi'i gysylltu â'r llall ag uniad mortais a thyno. Heblaw am ei maint, prif nodwedd Croes Brynach yw ei phatrymau cerfiedig cywrain. Yn addurno pob ochr o'r colofnfaen a'r pen olwynog, ceir plethwaith a gwaith cnotiog yn bennaf, ond hefyd groesau crwca a thrionglau. Ond problem sydd heb ei datrys yn foddhaol yw union darddiad y ddwy graig a ddefnyddiwyd i lunio dwy ran y gofgolofn. Heather Jackson, Swyddog Addysg, Cyfranogiad a Dehongli Adran Ddaeareg Amgueddfa Genedlaethol Cymru, a ymgymerodd â'r gwaith ymchwil daearegol y cyfeirir ato yn *A Corpus of Early Medieval Inscribed Stones and Stone Sculpure in Wales, Volume II: South-west Wales*. Yn ei barn hi, daethai'r blocyn hirsgwar mawr o ddolerit y lluniwyd y colofnfaen ohono o un

Croes Brynach, Eglwys Brynach Sant, Nanhyfer

o'r carnau ar lechweddau Mynydd Carn Ingli, tua dau gilometr i'r de o'r groes. Fodd bynnag, haerir bod y darn o ficrotonalit (craig lwydlas, dywyll, nid annhebyg i ddolerit o ran pryd a gwedd) y lluniwyd y pen olwynog ohono wedi dod yr holl ffordd o Garn Wen (289m), bryn 14 cilometr i'r de-ddwyrain o Nanhyfer, er bod yr un graig yn brigo ar gopa Mynydd Carn Ingli, cwta 3.5 cilometr i'r de-orllewin o safle'r groes. Gan hynny, mae'n haws credu mai Mynydd Carn Ingli oedd tarddiad dolerit a microtonalit Croes Brynach. Yn wir, wrth drafod y cofgolofnau Cristnogol hynny a godwyd yn ddiweddarach na'r nawfed ganrif, dyma a ddywedodd Mark Redknap, Pennaeth Casgliadau ac Ymchwil Adran Archaeoleg a Nwmismateg Amgueddfeydd ac Orielau Cenedlaethol Cymru, yn ei gyfrol *The Christian Celts*: 'In general, locally available stone was selected by the stone-carvers.'

*Pyst giât a cherrig adeiladu igneaidd*

Erbyn y ddeuddegfed ganrif, roedd yr arfer o lunio cofgolofnau Cristnogol cynnar a meini arysgrifenedig wedi hen ddod i ben. Ond yn ystod y blynyddoedd cyn cyhoeddi ei erthygl yn dwyn y teitl 'Cerrig Llwydion Carn Meini', daeth y daearegydd O. T. Jones o hyd i dystiolaeth a brofai 'fod yr arferiad o gludo cerrig o Garn Meini [a charnau cyfagos] wedi parhau hyd amser cof pobl' a oedd yn fyw ac iach yn ystod y 1960au. Yn ardal Aberteifi yn unig, cofnododd 52 o bileri o ddolerit smotiog 'dros 5 i 7 troedfedd [1.5–2.1m] o hyd, rhwng un a thair troedfedd [0.3–0.9 m] o led, a rhyw droedfedd [0.3m] neu fwy o drwch', colofnau a oedd 'yn gyfaddas iawn i wneud postion giatiau' mewn ardal lle nad oedd meini o'r fath i'w cael. Cyn y dechreuwyd cau tiroedd drwy Ddeddf Seneddol yn 1733 roedd y wlad ar ddwylan afon Teifi yn agored bob ochr i'r heolydd, ond pan ddaeth y mynych ddeddfau i rym yn ystod y bedwaredd ganrif ar bymtheg, bu galw mawr am byst giât ledled gogledd Penfro a de Ceredigion, sef colofnau o ddolerit 'cyffredin' a dolerit smotiog a gâi eu casglu o blith y rheiny a orweddai ar wyneb y tir wrth droed carnau'r Preselau a'u cludo oddi yno

Postyn iet a luniwyd o biler o ddolerit smotiog, Llangoedmor, ger Aberteifi

gyda chymorth ceirt llusg adeg tywydd sych, yn ôl un tyst a holwyd gan OT Yn ogystal â'r pyst ietau niferus a gofnodwyd ganddo yn ardal Aberteifi, nododd pa mor ddiddorol y byddai 'petai rhywun yn cofnodi y rhai sydd i'w cael yn holl ardal Eglwyswrw' hefyd. Ond mwy diddorol fyth fyddai mapio eu dosbarthiad ledled yr ardal i'r gogledd-ddwyrain, i'r dwyrain, i'r de ac i'r de-orllewin o'r ucheldir.

O ystyried y defnydd a wnaed o'r pileri yn ystod Oes y Saint a thrwy gydol y ddeunawfed ganrif a'r bedwaredd ganrif ar bymtheg, mae'n syndod na wnaed fawr ddim defnydd o'r dolerit smotiog atyniadol fel carreg adeiladu, nac ychwaith ddolerit cyffredin o ran hynny. Yr unig eithriad yw ffasâd deniadol Bethel, capel y Bedyddwyr, Mynachlog-ddu, a godwyd yn ei ffurf bresennol yn 1875–7, yn ogystal â ffasâd Cana, capel yr Annibynwyr, Felindre Farchog, sy'n dyddio o'r 1850au. Gan nad oes olion chwareli i'w gweld yn unman, mae'n debyg mai'r cyflenwadau dihysbydd o flociau a phileri rhyddion a orweddai ar wyneb y tir yng nghyffiniau Carn Meini a atebai ofynion y seiri meini a fu'n gyfrifol am godi ffasâd Bethel, tra dibynnai'r rheiny a gododd ffasâd Cana ar gyflenwadau o gerrig a ddeuai o gyffiniau Carn Goedog.

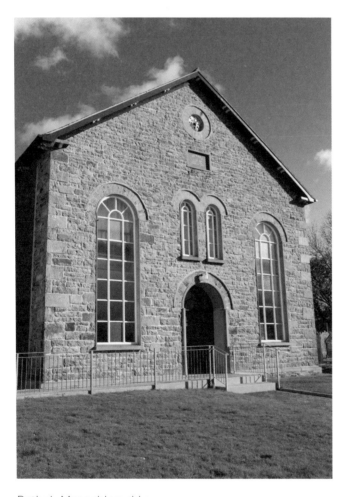

Bethel, Mynachlog-ddu

Rhan o ysgubor Duduraidd Pentre Ifan. Lluniwyd ffrâm y ddau ddrws o flociau o ludw folcanig (twff llif-lludw).

Mwy cyffredin o lawer na'r ychydig ddefnydd a wnaed o'r dolerit smotiog yw'r defnydd helaeth a wnaed o'r tyffau llif-lludw sy'n rhan o'r llain o greigiau folcanig y gellir olrhain eu brig ar hyd troed llechweddau gogleddol y Preselau rhwng Crymych a Threfdraeth a draw i Abergwaun. Y garreg hon yw unig garreg rywiog (*freestone*) yr ardal, craig y soniodd George Owen, awdur *The Description of Penbrockshire* (1603), am ei rhinweddau arbennig a'i defnydd, er nad oes argoel bellach o'r chwareli a oedd i'w cael yn yr ardal rhwng Felindre Farchog a Threfdraeth nid yn unig yn ystod dyddiau Owen ond am ganrifoedd cyn hynny:

This [tuff stone] is a large stone, very tough yet easy in hewing, and most commonly full of little holes. These stones rise very large in the quarries, so that thereof you may make large mantels for chimneys of one stone, and of three stones the whole frame of a large door, viz. one pillar for every side and one to cover the same either archwise or square, at your pleasure. This stone serves for coign-stones and windows, gates and doors, and it is very strong in building and very fair …

Mae rhai o'r enghreifftiau gorau o'r defnydd a wnaed o'r garreg rywiog hon i'w gweld yn adfeilion Abaty Llandudoch (12–13g.), Eglwys Brynach Sant (*c*.14g.), Nanhyfer, tŵr Eglwys y Santes Fair (*c*.15g.), Trefdraeth, yng nghwt clychau (*c*.15g.) a ffrâm y drws yn nhalcen gorllewinol eglwys adfeiliedig

Capel Brynberian

Brynach Sant, Cwmyreglwys, ac ysgubor Duduraidd Pentre Ifan (16g.). Yn ystod y bedwaredd ganrif ar bymtheg, defnyddiwyd blociau hirsgwar cymen o'r un garreg i godi tŵr Coleg Felindre Farchog (1852), capel yr Annibynwyr, Brynberian (ailadeiladwyd yn 1843, adnewyddwyd yn 1882), a hen ysgol gyfagos Llwynihirion (1878). Yn ôl pob tebyg, ffynhonnell cerrig adeiladu'r capel a'r ysgol oedd yr hen chwarel o fewn ergyd carreg i'r addoldy, ond ni wyddys o ble yn union y daethai meini tŵr y greadigaeth Gothig a godwyd gan Syr Thomas Lloyd, Bronwydd, Ceredigion, yn Felindre Farchog.

Heblaw am un neu ddwy o chwareli llechi, unig 'chwarel' gerrig y Preselau, a oedd ar waith am ychydig flynyddoedd yn unig yn ystod y cyfnod rhwng dau Ryfel Byd yr ugeinfed ganrif, oedd honno fry ar lechweddau dwyreiniol Carn Ingli. Prin, serch hynny, yw'r olion cloddio gan i'r gweithwyr fanteisio ar y cyflenwadau o glogfeini rhydd yn hytrach na'r graig igneaidd ei hun. Felly, unig olion amlwg y diwydiant byrhoedlog yw llwybr yr hen inclein, a ddefnyddid i godi a gostwng wagenni, ynghyd â dau biler cerrig a oedd yn cynnal y drwm cebl a gâi ei droi gan injan diesel a safai gerllaw. Safai un arall ar waelod yr inclein, a honno oedd yn darparu'r pŵer i droi'r offer malu a gynhyrchai'r cerrig ffordd (metlin) yr oedd galw amdanynt i wella cyflwr heolydd yr ardal.

Y tro diwethaf i nifer o 'gerrig gleision' y Preselau gael eu cludo o'u cynefin oedd yn 1975. Roedd eu hangen er mwyn creu Cylch Gorsedd Eisteddfod Genedlaethol Aberteifi a'r Cylch 1976. Yn rhaglen gyhoeddi'r eisteddfod honno, nodwyd mai o Fynachlog-ddu y cafwyd y meini a oedd 'i gyd o Garreg Las Preseli – cerrig Côr y Cewri yn Stonehenge'. Heb os, fe fyddai'r fath feini wedi bod wrth fodd neb llai na sylfaenydd yr Orsedd, Iolo Morganwg, 'yr athrylith gyfeiliorn o Drefflemin', chwedl Hywel Teifi Edwards, a gredai 'mai'r Derwyddon, a gysylltid â chromlechau a chylchoedd cerrig megis Stonehenge ac Avebury, oedd hynafiaid y beirdd Cymraeg'. Yn wir, barnai awdur anhysbys y geiriau yn rhaglen seremoni gyhoeddi Prifwyl 1976, a oedd yn dathlu wythcanmlwyddiant Eisteddfod yr Arglwydd Rhys, fod yr awdurdodau 'wedi sicrhau Cylch Gorsedd

Llwybr yr incléin a wasanaethai'r chwarel gerrig ar lechweddau
dwyreiniol Carn Ingli

hollol unigryw, sy'n gweddu i Eisteddfod y gobeithiwn y bydd yr un mor arbennig'. Gwireddwyd eu gobaith. '"Second-best" Bard takes Eisteddfod chair as winner is banned' oedd y pennawd deifiol a ddewisodd David Hewitt, gohebydd y *Western Mail*, i ddisgrifio'r embaras sefydliadol a achosodd Rhos y Gadair, sef y Prifardd Dic Jones, ac mae ymddangosiad ei enw ymhlith buddugwyr y Brifwyl, ynghyd â phresenoldeb ei awdl wrthodedig yng nghorff y *Cyfansoddiadau a Beirniadaethau*, tra bo awdl 'fuddugol' Alan Llwyd yn ymddangos ar ffurf atodiad ar ddiwedd y gyfrol, yn gofeb annileadwy i ddiflastod prif seremoni Eisteddfod y Dathlu. Heddiw, saif y 'Cylch Gorsedd hollol unigryw' yn y parc ger Pwll y Rhwydi (Netpwl) ar lan afon Teifi, safle sydd gryn bellter o'i leoliad gwreiddiol ar fin Heol Aberystwyth a gerllaw stad dai Ger y Meini, a enwyd cyn i'r meini gael eu symud i'w safle presennol! Mae'r piler garw o ddolerit smotiog y Preselau ac arno lech arysgrifenedig, a godwyd yn 1993 ac a saif dan gysgod muriau castell Aberteifi, yn gofeb deilwng i'r 'eisteddfod' gyntaf a gynhaliwyd yno gan yr Arglwydd Rhys yn 1176.

Er bod yr arfer o gludo pileri o ddolerit smotiog o gyffiniau carnau megis Carn Meini a'u defnyddio 'i wneud postion giatiau', chwedl O. T. Jones, wedi hen ddod i ben, mae Awdurdod Parc Cenedlaethol Arfordir Penfro o'r farn fod yr arfer o 'ddwyn' darnau o'r garreg ar gynnydd, yn enwedig o Garn Meini. Gan fod y Preselau wedi'i ddynodi'n Safle o Ddiddordeb Gwyddonol Arbennig ac yn Ardal Gadwraeth Arbennig, mae'r weithred o forthwylio'r creigiau er mwyn sicrhau samplau ohonynt, neu bocedu ambell garreg a'i chadw'n swfenîr, yn drosedd. Fodd bynnag, drwy honni ym mis Chwefror 2016 fod Carn Meini yn 'chwarel' o ble y cafwyd y meini i godi cylch mewnol Côr y Cewri, y mae'r awdurdod yn euog o ledaenu gwybodaeth anghywir, gan ei bod hi'n wybyddus bellach mai tarddle'r rhan fwyaf o'r meini hynny o ddolerit smotiog a geir ymhlith 'cerrig gleision' cylch mewnol a phedol fewnol yr heneb oedd Carn Goedog, nid Carn Meini.

Y maen yn coffáu 'eisteddfod' yr Arglwydd Rhys, 1176

# Diwydiannau ddoe a heddiw

*Gwaith Mwyn-Arian Llanfyrnach a Mansel Davies a'i Fab, Cyf.*

Gwelwyd arwyddion cynnar fod diwydiannu ar waith yn y rhan honno o Ddyffryn Taf rhwng safle presennol y Glog ac Eglwys Brynach Sant – neu 'Llanvernach ar tave' fel y'i cofnodwyd yn y 1530au – ymhell cyn y gwawriodd y Chwyldro Diwydiannol, sef y cyfnod o ddatblygiad diwydiannol cyflym a ddigwyddodd rhwng oddeutu 1750 ac 1850. Heblaw am y pandy a'r felin falu ar lawr y dyffryn, mae'n eithaf posibl hefyd y câi mwyn plwm ei gloddio ar y llechweddau uwchlaw glannau dwyreiniol afon Taf yn ystod yr unfed ganrif ar bymtheg. Fodd bynnag, ceir y cyfeiriad penodol cynharaf at gloddio am blwm mewn cytundeb dyddiedig 18 Gorffennaf 1752 rhwng 'James Lloyd of Kilrhue, esq., and Samuel Jones, Benjamin Jones and Jenkin Jones, of the parish of Llanfyrnach, miner, for working mines on land called Llandre in the said parish'. Mewn adroddiad a gyhoeddwyd ddeuddeng mlynedd yn ddiweddarach, daethpwyd i'r casgliad a ganlyn ar sail yr wythïen o fwyn plwm rhwng 75 a 350 milimetr o drwch: 'taking the whole together 'tis very plain that the adventurers cannot lose by this field if well-managed'.

Drwy gydol ail hanner y ddeunawfed ganrif bu sawl ymgais i godi mwyn plwm o byllau Llandre a Llanfyrnach, ar ddwylan afon Taf, ond aflwyddiannus, ar y cyfan, fu pob ymdrech. O'r ychydig fwyn a gynhyrchid, cludid y cyfan ar gefn asynnod pwn cyn belled â phorthladd Aberteifi ac yna ei allforio i Abertawe a Phen-clawdd. Yn ddiweddarach, gwneid defnydd o geirt a dynnid gan geffylau, ac arferid allforio rhywfaint o'r mwyn o borthladd Sanclêr hefyd. Cyn diwedd y ganrif, fodd bynnag, bu'n rhaid rhoi'r gorau i'r gwaith oherwydd methiant yr anturiaethwyr i waredu'r dŵr o'r pyllau a'r lefelau yn ddwfn dan lawr Dyffryn Taf.

Pan grwydrodd yr hanesydd a'r hynafiaethwr Richard Fenton heibio i safle gwaith mwyn Llanfyrnach tra oedd ar ei daith o amgylch Sir Benfro ym mlynyddoedd agoriadol y bedwaredd ganrif ar bymtheg, olion y mawredd a fu a'i harhosai:

> Still following the course of the Tave, I came to the lead mines of Llanvyrnach, situated close to the banks of the river, where though now stopped, there are evident indications of its having been a great work. For some years this mining adventure was carried on with great success, and held out so flattering a prospect from the quantity and quality of the ore raised, as to become a fair object of speculation, and induce several gentlemen of the first rank and fortune in the country, by increasing the capital of the concern, to give new life to the works. That the acting part of the concern thus assisted, derived great wealth from this little Potosi [tref yn Bolivia, De America, a oedd yn enwog am ei mwyngloddiau tun ac arian], is too well known; but I fear the sleeping partners, who were the main spring of the enterprize, had not even lead for their

gold. The land involving these mines was the only remnant left of the once immense estate that appertained to the house of Blaenbullen, which ... now belongs to Thomas Lloyd, Esq., of Bronwydd.

There was a report in circulation two or three years ago, that the works were to be revived, with suitable means, on a much greater scale, and the better to contribute to it, that there was a project of making the Tave navigable for that purpose, a plan ... if ever carried into execution, could not fail to be of incalculable advantage to this most interior part of Pembrokeshire ...

Er gwell neu er gwaeth, ni wireddwyd y cynllun.

Ac eithrio ambell gyfnod o weithgaredd mwy llewyrchus na'i gilydd, blynyddoedd dilewyrch hefyd oedd deugain mlynedd cyntaf y bedwaredd ganrif ar bymtheg. Eto i gyd, mynnai'r Parchg A. Lloyd Harries a William Davies, cyd-awduron *Eglwys Annibynnol Llwynyrhwrdd: Hanes yr Achos, 1805–1955*, llyfryn a gyhoeddwyd yn 1955 yn adrodd hanes capel Llwyn-yr-hwrdd, Tegryn, y bu 'adfywiad mawr i waith "Mwyn" (lead-mine) Llanfyrnach [yn 1817], a bu hynny yn gaffaeliad mawr i deuluoedd yr eglwys a'r holl ardal'. Mae'n debyg y gwelwyd cyfnod tebyg yn ystod gweinidogaeth y Parchg William Jenkins a fu'n gwasanaethu'r eglwys o 1846 hyd ei ymadawiad yn 1850. Ond, yn ôl y sôn, roedd pris i'w dalu am y ffyniant. Yng nghyfnod William Jenkins, meddai awduron y llyfryn, 'daeth gweithwyr o swydd Cernyw i waith mwyn Llanfyrnach, a'u dylanwad yn niweidiol ar foesau'r ardal. Wrth weld anfoesoldeb yn ffynnu a chanfod difaterwch yr aelodau, treuliodd [William Jenkins] un nos Sadwrn mewn gweddi ar Dduw ar ran y trigolion'. Teg nodi ei bod hi'n bur annhebyg fod teuluoedd o Gernyw yn byw yn yr ardal rhwng 1846 ac 1850 ond, os gwir y stori, ymddengys y cafodd y gweinidog ateb cadarnhaol i'w weddi daer oherwydd ni chofnodwyd enw hyd yn oed un mwynwr o Gernyw ymhlith trigolion plwyfi Llanfyrnach a Chlydau yng nghyfrifiadau 1841 ac 1851.

Capel Llwyn-yr-hwrdd, Tegryn

Cernywiaid, fodd bynnag, a fu'n bennaf cyfrifol am osod y sylfeini cadarn a alluogai eraill i ddatblygu mwynglawdd Llanfyrnach. Ymhlith y 21 o weithwyr a gyflogid yn 1861, roedd wyth o Gernyw ac un o Ddyfnaint. O'r pum teulu o estroniaid a ymgartrefodd yn y fro, ganed aelodau'r ddau brif deulu – teuluoedd Sanders a Martin – yn Perranarworthal, Gwennap, Stithians a St Gluvias, treflannau nid nepell o Falmouth, ardal yng Nghernyw a oedd yn enwog am ei mwyngloddiau copr, tun a phlwm. Yn ystod eu harhosiad y codwyd tŷ'r peiriant trawst Cernywaidd a alluogai reolwyr y gwaith i godi dŵr o'r siafftiau a'r lefelau tanddaearol yn ystod tywydd sych yr haf neu dywydd rhewllyd y gaeaf pan nad oedd digon o ddŵr yn afon Taf, na'r gronfa ddŵr a grëwyd nid nepell i fyny'r dyffryn, i droi'r rhodau dŵr yr arferid dibynnu arnynt i ddraenio rhannau dyfnaf y mwynglawdd a'i gadw yn gymharol sych. Wrth i'r gwaith o godi tŷ'r peiriant trawst araf ddod i ben ym mis Rhagfyr 1859, roedd y rhagolygon am y degawd newydd yn ardderchog, yn ôl adroddiad gŵr o'r enw J. Skimming a gyhoeddwyd yn y *Mining Journal*:

> My confidence in the property has been greatly strengthened during my last visit and when the engineering arrangements are complete, I am certain that Llanfyrnach will be a rich, profitable, and lasting mine. The engine-house is up to the level of the cylinder bottom; the work done is superb ... I look

Adfeilion y tŵr peiriant trawst Cernywaidd

forward to the early part of the summer as the time when the mine will take a position, both as to returns and profits, second to none in the principality.

Ni wireddwyd holl obeithion J. Skimming, ac ymhen amser bu'n rhaid gwneud defnydd o fwy nag un peiriant pwmpio. Eto i gyd, roedd y 1860au, blynyddoedd anterth y diwydiant tun yng Nghernyw pan oedd dros 600 o beiriannau trawst ar waith yn y wlad, yn gyfnod digon ffyniannus yn hanes mwynglawdd Llanfyrnach hefyd ac ar lan afon Taf, erys adfeilion tŷ'r peiriant trawst a gwblhawyd ym mis Mai 1860 yn atgof o gymwynas fawr y peirianwyr o Gernyw.

Cyn i'r Cernywiaid ymadael â'r ardal rywbryd cyn cynnal cyfrifiad 1871, mae'n debyg y buont yn dystion i'r cynnwrf mawr ym mro'r Preselau, a achoswyd yn ystod 1865 pan gafodd holl drigolion bro a bryniau'r ardal glywed am ddarganfyddiad cyffrous y mwynwyr a lafuriai ym mwynglawdd bach Fron-las, wrth droed Foel Drygarn. Yn ôl un o ohebwyr y *Mining Journal*:

> The satisfactory intelligence has been received by Mr W. H. Davies of Ty-Gwynne (Kilgerran), that his miners had cut a lode [gwythïen] in the forebreast of the south level, the stones of which contain visible gold. A short time since a copper lode was cut in the same level. The gold discovery, which is regarded as the first in South Wales, caused great rejoicing at Kilgerran and neighbouring villages.

Cilgerran, sylwer, ond nid Crymych, gan nad oedd y pentref hwnnw yn bod yn 1865.

Yr adroddiad byr hwnnw yw'r unig gyfeiriad a geir at y darganfyddiad honedig ac ni chafodd 'gwaith aur' Fron-las erioed ei gofrestru ymhlith mwyngloddiau cydnabyddedig y cyfnod. Wedi'r gorfoledd a'r dathlu mawr, siom enbyd. Drylliwyd gobeithion a chwalwyd yn deilchion freuddwydion bonedd a gwrêng pan sylweddolwyd 'nad aur popeth melyn'. Ni wyddys i sicrwydd pa fwyn a ddaeth i'r golwg ym mherfeddion mwynglawdd Fron-las, ond yn ôl pob tebyg yr hyn a ddarganfuwyd oedd crisialau bychain o byrit (pyritau haearn) ac iddynt liw melyn golau, nid annhebyg i aur. Pyritau haearn yw un o'r mwynau sylffid mwyaf cyffredin ac fe'i hadwacnir, yn briodol ddigon, fel 'aur ffyliaid'.

Drwy gydol y 1860au roedd y mwynglawdd yn eiddo i Thomas Turner o Wolverhampton. Gŵr o'r un dref hefyd oedd William Patrick, capten neu reolwr y gwaith, ond gwŷr lleol oedd y rhan fwyaf o ddigon o'r gweithwyr, trigolion plwyfi Llanfyrnach a Chlydau a'r plwyfi cyfagos. Arwydd o ffyniant y gwaith oedd y cynnydd ym maint y gweithlu. Ychydig dros ugain o weithwyr a gyflogid yn 1861 ond erbyn 1871 enillai oddeutu 60 o weithwyr – yn wŷr, gwragedd a phlant – eu bywoliaeth yno, gan gynnwys ambell fwynwr o blwyfi Gwnnws, Ysbyty (Ystwyth?) a Lledrod, ardal nodedig am ei mwyngloddfeydd plwm.

Arwydd arall o lwyddiant y fenter oedd Brick Row, dwy res o chwech o dai cefngefn a godwyd gan Turner i gartrefu cyfran o'r gweithwyr.

Brick Row, Llanfyrnach

Yr unig waith brics nad oedd yn bell iawn o Lanfyrnach oedd gwaith brics a theils Aberteifi, ac er nad oedd fawr o lewyrch ar y diwydiant hwnnw ar ddiwedd y 1860au mae'n debyg mai oddi yno y cafwyd y brics i godi'r tai. Erbyn cyfrifiad 1871, roedd pump o dai newydd Brick Row eisoes yn gartref i bum teulu, cyfanswm o 35 o bobl ac yn eu plith 10 o weithwyr y gwaith mwyn. Yn yr un cyfrifiad, fodd bynnag, ni chofrestrodd neb ymhlith trigolion y ddau blwyf lleol Gernyw na Dyfnaint fel ei sir enedigol. At hynny, ni adawodd y cymwynaswyr o Gernyw, a oedd wedi treulio tua deng mlynedd yn yr ardal, nac 'arfer chwithig, nac awgrym o lediaith ar dafod neb [o'r brodorion]', yn ôl Dewi W. Thomas, awdur *Hynt y Sandalau*. Eto i gyd, arferai un gair dieithr fod ar dafod leferydd rhai o frodorion cylch Llanfyrnach, gan gynnwys W. Rhys Nicholas a Dewi W. Thomas, y naill yn frodor o Degryn a'r llall o Lanfyrnach. Y gair hwnnw yw 'sgrwff', sef cynnwys y gwythiennau mwynol wedi'i falu'n fân a'i waredu ar ôl i'r rhan fwyaf o'r mân ronynnau o fwyn plwm, sef galena (sylffid plwm), gael ei echdynnu ohono. Y gair Cernyweg am 'sbwriel', sef 'sgrwff', yw 'sgroff'.

Yn dilyn marwolaeth Thomas Turner yn gynnar yn y 1870au ac ymadawiad Capten Patrick, awgryma'r adroddiadau a ymddangosai yn y *Mining Journal* o bryd i'w gilydd nid yn unig fod llewyrch ar waith Llanfyrnach a oedd bellach yn eiddo i'r Meistri Lawson ac Evans ond, yn bwysicach fyth, fod dyddiau gwell i ddod. Tystion i'r llewyrch hwn oedd L. a B., dwy Saesnes hunandybus o Lundain, a dywyswyd o amgylch y gwaith ym Mai 1873 gan y rheolwr newydd, Capten Roberts. Er mor nawddoglyd eu sylwadau, mae eu hadroddiad yn hynod ddiddorol a dadlennol:

> Captain Roberts … having kindly lent us complete suits of miners' clothes, candles to fix on our hats, and two excellent guides, we bade the sunshine adieu about 2 p.m. First, the head guide, backwards down a perpendicular ladder, then L., then

guide No. 2, and then B., and so on, ladder after ladder, with small landing stages between them, constructed, somebody pleasantly suggested, to catch falling bodies! Visiting in turn the 38 fm [fathom: 1 gwryd = 6 throedfedd neu c.1.2m] level and the 48 fm level, and their galleries ... we ultimately reached the 58 fathom level – 348 feet [106m] underground. There is a depth again to the 68 fm level ... These galleries, if placed in a straight line, would be miles in extent. The workings are roomy, and well ventilated, and when we sat down to smoke a cheroot a-piece we breathed, 'amid the encircling gloom', air pure as on breezy down – Epsom, for instance ... The mine is in some parts very wet – weepy roofs and little torrents alongside the tramway. Whenever we went far from the shaft the silence was profound, but near it the roar of the pumping machinery, as it plunged and rose again, reminded us of the struggle for supremacy between man and water going on incessantly ... The ore is found in the slaty stone and quartz [y mwyn gwyn, caled], with here and there most brilliant crystals, of which we were presented some most beautiful specimens [crisialau tryloyw o gwarts] ...

The miners work day and night, eight-hours shift, 6 a.m. to 2 p.m., then to 10 p.m. and then to 6 a.m., earning on an average some 25s [£1.25] per week. All we saw were stalwart, healthy-looking fellows, most polite to the strangers ... One shot was fired while we were there [defnyddid powdwr du i saethu'r graig], and as it boomed we felt the tremor of the air and the rock we leaned against. Two hours and a half we remained below, returning by the same ladders ... Fortunately none of our intimate friends were on bank to receive us. We went down clean and white, we came up – it took a good deal of soap and water to re-establish our identities! A cup of tea and some refreshments in the office, kindly provided by Capt. Roberts, and a stroll round the crushing and cleansing machinery, which … brought to an end one of the red-letter afternoons of our lives.

The rail [rheilffordd Hendy-gwyn a Dyffryn Taf] is up there now, and the price of lead is high [tua £20 y dunnell]; we therefore, offer our warmest congratulations to the lessees on their venture, to Sir T. D. Lloyd [stad y Bronwydd] on the possession of such a valuable property, and last, but not least to

Ac yntau yn ddim ond 36 oed, bu farw Thomas Davies, 2 Brick Row, ar 25 Awst 1885

Capt. Roberts, on the able management that must very shortly
bring to the front rank the silver-lead mine of Llanfirnach.

Nid oes neb mor ddall â'r sawl na fyn weld. Di-weld, yn sicr ddigon, oedd
y ddwy wraig. Teithiodd y ddwy gyfeilles yn ôl i Lundain a'u cartrefi
cysurus, clyd ar reilffordd Hendy-gwyn a Dyffryn Taf (Whitland and
Taff Vale Railway), a agorwyd cyn belled â Llanfyrnach a'r Glog ddeufis
yn unig cyn eu hymweliad, heb ddirnad na deall dim am wir natur
gwaith y mwynwyr plwm. Yr oedd pob agwedd ar fwyngloddio plwm
yn galedwaith afiach y rhoes y Parchg W. J. Gruffydd (Elerydd) fynegiant
iddo yn '*Dringo'r Mynydd …*', *Hermon, Llanfyrnach*, y llyfryn a olygwyd
ganddo ac a gloriannai hanes capel Hermon, addoldy'r Bedyddwyr a
sefydlwyd yn 1808 ac a fynychid gan nifer o'r mwynwyr a'u teuluoedd.
Ys dywed Elerydd, marw'n ifanc a wnâi'r 'healthy-looking fellows' a
weithiai dan ddaear ac a anadlai, ddydd ar ôl dydd, awyr nad oedd ddim
byd tebyg i awelon iach Epsom Downs:

> Ni fedrant fyw yn hir
> Pan fyddo daear-fyw yn gwthio'i hun
> I gefn cartrefi twlc, a heintus balf
> Diclein, yn araf-sicr labyddio'r cnawd.
>
> Y bodau llwyd eu gwedd, a boerai lwch
> A charthion o'u hysgyfaint. Gwŷr a'u chwŷs
> Yn oeri ar eu gruddiau yn y siafft
> Pan fyddai'r llwydrew yn byseddu'r cnawd.
> Gwŷr ifainc barfog wedi mynd yn hen
> Cyn magu plant na thalu bil y siop.

Achos afiechydon angheuol nifer fawr o'r mwynwyr oedd y gwlybaniaeth
a'r diffyg awyr iach, yn ogystal â'r plwm ei hun, fel y tystia Dewi W. Thomas

yn ei gyfrol *Hynt y Sandalau*: 'byr oedd rhychwant einioes mwynwyr y gweithfeydd plwm, â'r plwm, wrth ei gloddio o grombil y ddaear, yn lladd, – cyn sicred o'i darged, â'r pelenni a wneid ohono ar gadfeysydd yr Ymerodraeth nad oedd yr haul i fachlud arni byth.' A hyd heddiw, dengys y tipiau cymharol noeth o sgrwff-mwyn pa mor gyndyn yw planhigion, ac eithrio rhai rhywogaethau prin o gen a mwsogl, i fwrw eu gwreiddiau yn y tir gwenwynig. Eto i gyd, nid diwerth oedd y sgrwff yng ngolwg pawb, oherwydd arferai rhai ei daenu ar feddau eu hanwyliaid ym mynwent capel Llwyn-yr-hwrdd er mwyn atal chwyn rhag tyfu, arfer a ddaeth i ben unwaith ac am byth wedi i'r cerrig beddau gael eu had-drefnu'n rhesi hirion.

Ymddengys mai sgrwff oedd prif gynnyrch y gwaith am gyfnodau maith yn ystod y 1870au. Hyd yn oed yn y flwyddyn 1873, pan fynnai'r ddwy wraig rodresgar ganmol gallu'r Capten Roberts, roedd arwyddion fod dyfodol y mwynglawdd yn y fantol. Cyhyd ag yr ildiai'r creigiau eu cyfoeth ac y câi mwyn plwm ei drin ar y fflowrin, sef ei falu a'i olchi er mwyn gwahanu'r plwm oddi wrth y sgrwff, ni fyddai'n rhaid i'r gweithwyr – yn wŷr a gwragedd – bryderu am y dyfodol. O bryd i'w gilydd, fodd bynnag, arferai'r gwythiennau mwynol chwarae mig â'r gwŷr a'u cloddiai, gan beri gofid i bob aelod o'r gweithlu a'u teuluoedd. Dyna a ddigwyddodd yn ystod y 1870au.

Rhwng 1870 ac 1877 bu gostyngiad syfrdanol yng nghyfanswm y mwyn a broseswyd yn flynyddol. Roedd y 150 tunnell o fwyn a gynhyrchwyd yn 1873 yn llai na hanner cyfanswm 1870. Erbyn 1875 roedd y cyfanswm wedi gostwng i 80 tunnell. Yna, aeth pethau o ddrwg i waeth: wyth tunnell bitw a broseswyd yn 1877. Yn naturiol ddigon, rhagwelid y byddai dyfodiad y rheilffordd yn 1873 yn arbed cludo'r mwyn crynodedig mewn ceirt a dynnid gan geffylau naill ai cyn belled â phorthladd Aberteifi ac yna ar longau i'r gweithfeydd mwyndoddi, neu ynteu i Hendy-gwyn ac yna ar drenau i'r gweithfeydd mwyndoddi yn Llanelli ac Abertawe. Ond bellach roedd hi'n ymddangos na fyddai angen gwasanaeth y rheilffordd o gwbl

Tomen sgrwff-mwyn

ar waith mwyn Llanfyrnach. Fodd bynnag, er mawr lawenydd a rhyddhad i'r perchenogion, ac yn enwedig i'r gweithlu a'u teuluoedd a ddibynnai ar y gwaith am eu cynhaliaeth, daeth tro ar fyd, a hynny yn 1878.

Ysywaeth, methiant fu ymdrechion Capten Roberts, druan, i gael hyd i'r trysor a lechai yng nghreigiau Dyffryn Taf, ac ni fu'n dyst ychwaith i ddigwyddiadau cyffrous haf 1878 oherwydd bu farw yn Ebrill 1876 yn 54 oed. Er na wyddys pwy a ddarganfu'r 'wythen o fwyn plwm odiaethol' yn ystod haf 1878, mae rhan o'r clod, yn ddiau, yn ddyledus i'r rheolwr newydd, brodor o blwyf Gwnnws, Ceredigion, a gydiodd yn yr awenau yn Ebrill 1876 yn dilyn marwolaeth annhymig ei ragflaenydd. 'Under the management of Capt. Rhys,' cyhoeddodd gohebydd y *Mining Journal* ym mis Medi 1878, 'new discoveries of ore have been made, and last month [hynny yw, Awst] the production of the mine was 70 tons.' Os oedd

Carreg fedd Capten Roberts, mynwent Eglwys Brynach Sant, Llanfyrnach

Capten Rhys wrth ei fodd, roedd y perchennog, gŵr o'r enw L. H. Evans, brocer o Lundain, uwchben ei ddigon. Gwnâi arian fel y mwg fel y tystia'r adroddiadau cyson a gyhoeddid yn y *Mining Journal*:

8 Chwefror 1879: 'The Llanfyrnach lead mine … is doing well … 150 tons are now delivered monthly.'

9 Awst 1879: 'The Llanfyrnach Lead Mines work steadily, profitably, and unobtrusively.'

29 Tachwedd 1879: '… the results of the recent successful working of Llanfyrnach Lead Mine are seen in new dressing sheds [lle câi'r mwyn ei drin], and a brighter and more modern look about the mine altogether.'

24 Ebrill 1880: 'It is with pleasure that I record the continued success of the Llanfyrnach Lead Mines … The monthly production of ore is stated at 100 to 120 tons.'

Does dim rheswm yn y byd i amau cywirdeb yr adroddiadau hyn. Yn wir, dros gyfnod o wyth mlynedd rhwng 1879 ac 1886, cynhyrchwyd 9,715 tunnell o fwyn plwm a oedd yn werth dros £130,000. Yn 1881, pan oedd y gwaith yn ei anterth, llwyddodd y gweithlu i brosesu 1,695 tunnell a oedd yn werth dros £25,000. Yn ogystal, ildiodd pob tunnell o'r mwyn plwm saith i ddeg owns (tua 198–280 gram) o arian. Yn ystod y cyfnod hwn, ni allai hyd yn oed Nant-y-mwyn, ger Rhandir-mwyn, y mwynglawdd plwm pwysicaf o ddigon yn ne Cymru, gystadlu â Llanfyrnach.

Yn 1881 cyflogai Llanfyrnach Silver-Lead Mine, fel y'i gelwid, oddeutu 100 o bobl, 94 ohonynt yn byw yn y ddau blwyf – Llanfyrnach a Chlydau – y naill ochr a'r llall i afon Taf, lle y gellid disgwyl dod ar draws gŵr neu wraig gyflog yn un o bob chwech o'r tai. Roedd deuddeg aelwyd Brick Row dan eu sang. Yno y cartrefai 56 o bobl, deg ohonynt yn ennill eu bywoliaeth yn y gwaith mwyn. Roeddent i gyd yn bobl leol, ac eithrio ambell unigolyn a ddaethai o blwyfi cyfagos. Mwynwyr oedd y mwyafrif o'r rheiny a gyflogid; hynny yw, enillai 62% o'r gweithlu eu bara 'menyn drwy gloddio'r gwythiennau mwynol dan ddaear. Gwaith y labrwyr oedd cludo'r mwyn hyd wyneb y gwaith, ac ymhlith yr 17 a gofnodwyd yn 1881 yr oedd dwy wraig. Cyflogid pedair gwraig arall, ynghyd â phum gŵr, fel trinwyr a'u gwaith oedd bras ddidoli'r mwyn plwm oddi wrth y mwynau diwerth a pheth o'r llechfaen lleol, cyn bwydo'r cyfan i mewn i'r peiriannau malu a mathru, yn ogystal â goruchwylio'r blychau gogrynu a'r *buddles*, yr offer a ddefnyddid i nithio'r darnau mân o galena o afael y sgrwff.

Ond buan y troes yr oes aur fyrhoedlog a brofwyd rhwng 1879 ac 1886 yn hunllef. Ym mherfeddion y mwynglawdd achosodd y ffawtiau niferus yng nghreigiau'r dyffryn i'r mwynwyr golli gafael ar yr wythïen gyfoethog, a methiant fu pob ymdrech i ddod o hyd i wythiennau eraill o werth masnachol. Yn 1886 llwyddwyd i gynhyrchu dros 1,100 tunnell o fwyn plwm ond 10 tunnell yn unig oedd cyfanswm 1890. Halen ar y briw, hefyd, oedd y cwymp ym mhris mwyn plwm wrth i fwy a mwy o

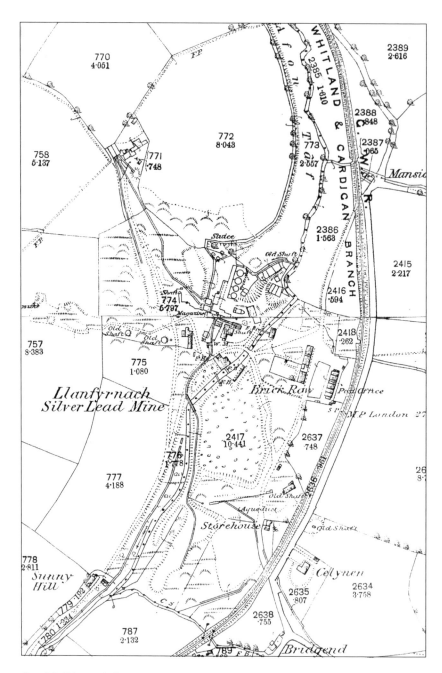

Gwaith Plwm-Arian Llanfyrnach
(Map Arolwg Ordnans 1:2,500, tirfesurwyd 1889–90
trwy garedigrwydd Llyfrgell Genedlaethol Cymru)

fwyn rhatach gael ei fewnforio o wledydd tramor. At hynny, hawliai'r tirfeddiannwr freindal o 10% ar unrhyw elw a wnâi gwaith Llanfyrnach. Cau'r fenter oedd penderfyniad di-droi'n-ôl y perchennog, L. H. Evans, ac mewn arwerthiant a gynhaliwyd ym mis Mai 1891 gwerthwyd holl beiriannau ac offer y mwynglawdd.

Yn ôl y Parchg A. Lloyd Harries a William Davies, cyd-awduron hanes capel Llwyn-yr-hwrdd, bu tranc y diwydiant plwm yn ergyd fawr i'r achos a'r ardal a 'gwasgarwyd llawer o ieuenctid yr ardal ynghyd â theuluoedd cyfan i ardaloedd eraill, y rhan fwyaf ohonynt i fro Morgannwg'. Yn wir, roedd nifer o deuluoedd wedi penderfynu ymadael â'r ardal fisoedd lawer cyn i'r mwynglawdd gau am y tro olaf, fel y dengys y cofnod a ganlyn yn Llyfr Cofnodion Ysgol Hermon: 'Jan. 27th, 1890 – Many children are leaving the neighbourhood with their parents owing to the Mineworks

Seiliau rhes o *buddles*

being stopped. A fact which will tell on the attendance at this school.' Ceir cofnod tebyg yn Llyfr Cofnodion Ysgol Tegryn: 'Sept. 29th, 1890 – Several children have been marked left owing to the stoppage of works in this neighbourhood. Families are removing.' Tystion i'r chwalfa gymdeithasol hefyd oedd y saith aelwyd wag yn Brick Row. Pum teulu yn unig a drigai yn nhai'r hen waith yn 1891, cyfanswm o 16 o bobl, naw ohonynt yn blant dan 13 oed. Y 'gŵr' hynaf yn eu plith oedd llanc 16 oed, ac roedd dwy o'r gwragedd yn weddwon. O dan yr amgylchiadau economaidd oedd ohoni, yr hyn a wnaeth cyn-weithwyr y mwynglawdd – gwŷr a'u meibion hynaf yn bennaf – oedd troi eu golygon tua'r 'gweithe' ym maes glo de Cymru, ardal a oedd yn atynfa ac yn achubiaeth iddyn nhw a'u teuluoedd, ac yn fodd hefyd i gynnal y teuluoedd hynny a ddewisodd sefyll gartref. Ond penderfynodd Jacob Thomas (1853–1905), gŵr Mary a thad y pedwar plentyn ifanc a adawyd ar ôl yn rhif 7 Brick Row, ymadael â bro ei febyd a chefnu ar Gymru, gan ymgymryd â gwaith ym mwynglawdd aur Oregon ym Mysore, prifddinas talaith Mysore yn ne India.

Dyn a ŵyr sut yn y byd mawr y clywsai Jacob Thomas am Mysore, talaith nodedig am ei hinsawdd iach a'i golygfeydd godidog, heb sôn am brifddinas y dalaith na'r gwaith aur lle y treuliodd bymtheng mlynedd olaf ei fywyd. Ni wyddys i sicrwydd beth a'i darbwyllodd i godi pac a'i throi hi tuag isgyfandir India ond yn ôl ei ŵyr, Dewi W. Thomas, nid oedd ei dad-cu, tad ei dad, mewn llawn iechyd. Wrth iddo achub bywyd un o'i gyd-fwynwyr a oedd wedi colli ei afael ar un o ysgolion mwynglawdd Llanfyrnach, ysigodd ei ysgyfaint ac o ganlyniad fe'i cynghorwyd gan feddyg 'i geisio gwlad fwy poeth ei hinsawdd na Chymru'. Ond yn ôl hanesyn arall a adroddid gan ei ŵyr, mae'n bosibl mai ffoi yr oedd Jacob Thomas yn dilyn 'dadl â rhai o warcheidwaid yr afon a'u cymheiriaid, â'r rheini wedi ymddangos yn ddisymwyth, pan oedd herw-bysgota ar gerdded yn nhueddau "Pwll Defed", rhwng Llanfyrnach a'r Glog, a bod awyrgylch yr India, fel canlyniad i hynny, yn fwy iach iddo ei hanadlu am fwy nag un rheswm'!

Bid a fo am hynny, i drefn Rhagluniaeth y priodolai Jacob Thomas ei alltudiaeth: 'Rhagluniaeth fawr a'm gyrrodd i / Ymhell ar wyneb daear'. Nid siwrnai seithug mohoni chwaith, oherwydd ym Mysore cafodd y mwynwr profiadol o Lanfyrnach, a oedd yn feistr ar ei grefft, ei ddyrchafu'n gapten gwaith aur Oregon. Ac yntau ar orwel pell, nid yw'n syndod iddo geisio lleddfu ei hiraeth am ei henfro a'i deulu drwy ymweld yn achlysurol â Llanfyrnach, ond roedd crafangau Cymru'n dirdynnu ei fron:

Er ennill cyfoeth yn y byd,
  A byw mewn llwydd a chynydd [*sic*]
Mae clychau Cymru yn y gwynt,
  Yn galw arnaf beunydd.

Cofeb Jacob Thomas, mynwent capel Llwyn-yr-hwrdd

Penderfynodd ddychwelyd i Gymru ym Mawrth 1905 ond bu farw ar y 15fed o'r mis hwnnw, cyn cychwyn ar ei siwrnai tua thref. Er iddo gael ei gladdu ym Mysore, codwyd cofeb iddo ym mynwent capel Llwyn-yr-hwrdd, fry ar y fron uwchlaw Dyffryn Taf a phentref Llanfyrnach.

Yn ystod y blynyddoedd dilewyrch hynny a ragflaenai'r cyfrifiad a gynhaliwyd ym mis Ebrill 1891, cwta fis cyn cau'r mwynglawdd, penderfynodd John Davies (1837–1919), a fu'n of ac yn beiriannydd yn y gwaith mwyn dros gyfnod o ddeng mlynedd ar hugain a mwy, roi'r gorau i'w waith. Ond ni chefnodd ar Lanfyrnach. Yn hytrach, penderfynodd John y Gof – fel y'i gelwid – ddatblygu'r busnes o werthu glo a chalch a sefydlwyd ganddo yn 1875, a hynny yn ystod y cyfnod pan oedd yn un o weision cyflog y gwaith mwyn. Bu'r fenter yn fodd iddo gynnal ei deulu, ei wraig a'u dau fab ieuengaf, Walter a Mansel, y ddau gyw melyn olaf o'r naw o blant a fagwyd ganddynt ym mwthyn Bridgend. Ymhen amser, gwerthai fwydydd anifeiliaid ac anghenion fferm hefyd, a gludid i'r ardal ar reilffordd Hendy-gwyn ac Aberteifi – y Cardi Bach – a oedd wedi cyrraedd Aberteifi yn 1885.

Er mai Mansel Davies (1880–1971) – ei fab, Stan, ei ŵyr, Kaye, a'i or-ŵyr, Stephen bellach – biau'r clod am sefydlu a datblygu cwmni ffyniannus, Mansel Davies a'i Fab, Cyf., John y Gof, yn ddiau, a osododd sylfeini'r fenter sydd â'i phencadlys gerllaw hen orsaf reilffordd Llanfyrnach. Bu cau rheilffordd y Cardi Bach i drenau nwyddau ym mis Mai 1963 yn drobwynt yn ei hanes. Gwawriodd oes y lorïau, ac ar achlysur ei ymweliad â iard Mansel Davies yn ystod y 1970au, bu W. Rhys Nicholas yn dyst i rai o'r 75 o lorïau a oedd yn eiddo i'r cwmni ar y pryd yn cychwyn ar eu taith bell i'r Alban.

Erbyn heddiw, cyfloga Mansel Davies a'i Fab, Cyf., sydd yn gyfuniad o dri chwmni – Mansel Davies a'i Fab, Cyf (Lorries); Mansel Davies a'i Fab, Cyf. (Garages); Mansel Davies a'i Fab, Cyf. (Pembrokeshire Freight) – tua 300 o wŷr a gwragedd yr ardal gyfagos. Nod amgen y busnes yw'r fflyd o oddeutu 150 o lorïau mawrion sydd i'w gweld ar ffyrdd a thraffyrdd

Lorïau Mansel Davies a'i Fab, Cyf.

Cymru, Lloegr, yr Alban ac Iwerddon ynghyd â rhai o wledydd gorllewin Ewrop, wrth iddynt gludo nwyddau o le i le, megis y llaeth a gesglir o oddeutu 460 o ffermydd ac a gaiff ei gludo'n ddyddiol i gyrchfannau yn Ynys Môn a Llundain.

*Chwarel lechi'r Glog a rheilffordd y Cardi Bach*
Ac eithrio nifer o gloddfeydd bach, o ble y ceid digonedd o flociau bras o lechfeini a ddefnyddid i godi'r rhan fwyaf o fythynnod, tyddynnod a ffermdai'r fro, chwarel lechi'r Glog, a safai am y ffin â chloddfa aflwyddiannus Cwmgigfran, oedd yr unig un o bwys ar gyrrau dwyreiniol y Preselau. Er ei bod hi'n bosibl, yn ôl Alun John Richards, awdur y gyfrol werthfawr *The Slate Quarries of Pembrokeshire*, fod y ddwy gloddfa fach wreiddiol fry ar lechweddau gogleddol Dyffryn Taf yn dyddio'n ôl i chwarter olaf yr ail ganrif ar bymtheg, ni wyddys y nesaf peth i ddim am hanes y chwarel ('cwarre [cwareuon]' neu 'cwâr [cwarau]' oedd ac yw pob chwarel ar dafod leferydd trigolion bro'r Preselau) cyn blynyddoedd cynnar y bedwaredd ganrif ar bymtheg. Bryd hynny, roedd y chwareli y bu Richard Fenton yn dyst iddynt wrth iddo ddilyn afon Taf tua'r de o'i tharddiad yng nghesail y Frenni Fawr, eisoes

Chwarel y Glog

yn drawiadol: 'I observe to the left quarries [chwarel y Glog ynghyd â Chwmgigfran] of slate, called Glôg, which, with less hazard, might be made more advantageous, perhaps ultimately, than the more precious mines [gwaith mwyn Llanfyrnach] I have passed below.' Gwireddwyd ei welediad treiddgar oherwydd bu chwarel y Glog yn dal i gynhyrchu llechi toi (slâts) am gyfnod o bymtheng mlynedd ar hugain ar ôl cau'r gwaith mwyn yn 1891.

Erbyn y 1830au a'r '40au, mae'n debyg fod hyd at 50 o chwarelwyr wrthi'n prysur ddyfnhau'r ddau bwll ar dir fferm y Glog, a oedd yn eiddo i John Owen. Yno y ganed ei fab, yntau hefyd yn John Owen (1818–86), a oedd yn un o ddeuddeg o blant y teulu a oedd gyda'r mwyaf adnabyddus yn y cylch. Dim ond ugain a weithiai yn y chwarel yn 1854, fodd bynnag, y flwyddyn y derbyniodd yr ymgynghorydd daearegol o Lundain, T. Macdougall Smith, gomisiwn gan John Owen yr hynaf i baratoi adroddiad ar ddichonolrwydd y fenter a gynhyrchai slâts a slabiau i ddiwallu'r galw am gerrig adeiladu ymhlith adeiladwyr lleol. Er na fabwysiadwyd pob un o argymhellion y daearegydd, fe godwyd melin yn 1860 lle y câi'r blociau mawr (plygiau) o lechfaen llwydlas a gloddid yn y ddau bwll eu naddu gyda chymorth pedair llif a dau blâm a yrrid gan dwrbin dŵr. O ganlyniad gallai'r chwarel ddatgan yn yr un flwyddyn ag y codwyd y felin: 'a constant supply of very durable slate is now kept at Narberth Road station [gorsaf reilffordd Clunderwen o

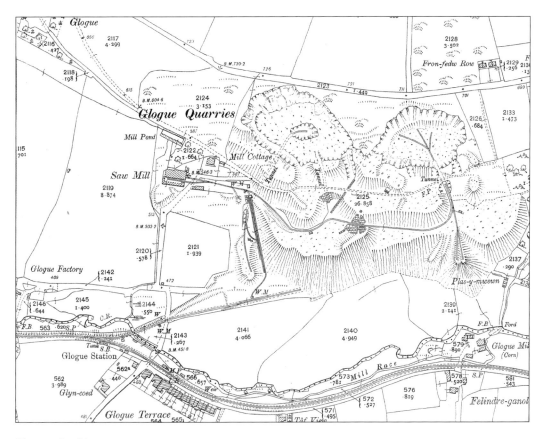

Chwarel y Glog

(Map Arolwg Ordnans 1:2,500, tirfesurwyd 1889–90 trwy garedigrwydd Llyfrgell Genedlaethol Cymru)

1 Rhagfyr 1875 ymlaen]: also paving flags which by the aid of superior machinery are nicely sawed and planed and arranged into courses ready for flooring.'

Gyda chymorth y peiriannau yn y felin newydd, gallai'r chwarel, a fasnachai dan y teitl John Owen and Son, gynhyrchu nid yn unig slâts o wahanol feintiau a llorlechi, ond hefyd aelwyd-feini, siliau ffenestri, cafnau moch, padelli llaeth, tanciau dŵr, coffinau a cherrig beddau. At hynny, câi cyfran o'r cynnyrch amrywiol ei chludo mewn ceirt cyn belled â gorsaf Narberth Road ar Reilffordd De Cymru yn ogystal â Chei Blackpool ar lan afon Cleddau Ddu, tua phum cilometr i'r gorllewin o Arberth. Mae'n amlwg, felly, fod marchnad ar gyfer cynnyrch chwarel y Glog ymhell y tu hwnt i Ddyffryn Taf a'r cyffiniau. Eto i gyd, llwyr sylweddolai John Owen y mab, a gydiodd yn awenau'r busnes yn 1866 ar ôl treulio rhai blynyddoedd yn Llundain a dod yn ddilledydd ac yn ŵr busnes llwyddiannus, y byddai'n rhaid bodloni ar ddiwallu anghenion lleol yn bennaf oni ellid gostwng yn sylweddol gostau cludo cynnyrch y chwarel i'r marchnadoedd a oedd yn bell o'r Glog. Yn wir, ac yntau bellach yn ŵr a oedd yn tynnu at ei hanner cant, roedd ei fryd ar wella amodau economaidd ei enedigol fro drwy agor rheilffordd a fyddai'n arwain o Hendy-gwyn, gorsaf ar Reilffordd De Cymru, heibio i waith mwyn Llanfyrnach a chwarel y Glog, a hyd safle presennol Crymych ar y briffordd rhwng Aberteifi a Chlunderwen.

Yn 1868 bu John Owen yn gohebu'n gyson â James W. Szlumper, y peiriannydd rheilffordd a drigai yn Aberystwyth, ynglŷn â'r posibilrwydd o adeiladu'r cyfryw reilffordd. Ym mis Awst y flwyddyn honno, cytunodd Szlumper i ymgymryd â'r gwaith o baratoi'r holl gynlluniau a goruchwylio'r gwaith adeiladu hyd agoriad rheilffordd Hendy-gwyn a Dyffryn Taf. Yn gynnar yn 1869, diolch i ymdrechion diflino John Owen yn anad neb, pasiwyd y Ddeddf Seneddol a alluogai bum cyfarwyddwr y cwmni i fwrw ymlaen â'u gwaith a chodi'r cyfalaf yr oedd ei angen arnynt er cael y maen i'r wal. Er mawr syndod, fodd bynnag, bu'n rhaid i John Owen fodloni ar fod yn Ddirprwy Gadeirydd y cwmni. Y gŵr a benodwyd yn Gadeirydd oedd Stephen W. Lewis, tirfeddiannwr a dyn busnes o Regent Street, Llundain.

Rhoddwyd cychwyn ar y gwaith adeiladu ar 8 Tachwedd 1870 ac er gwaethaf rhai pryderon ariannol, aeth y cyfan rhagddo'n foddhaol. Agorwyd y rheilffordd cyn belled â'r Glog (Glogue) ar 24 Mawrth 1873 a gorsaf Crymych (Crymmych Arms), pen y daith, yn gynnar ym mis Gorffennaf 1874. Roedd John Owen uwchben ei ddigon: derbyniodd dâl am y cerrig wast o domenni llechi'r Glog a ddefnyddid fel balast i gynnal slipers a chledrau'r rheilffordd; enwyd y locomotif stêm gyntaf, *John Owen*, ar ei ôl, ac yna ar 10 Awst 1874, ddwy flynedd wedi iddo gael ei ddyrchafu'n Gadeirydd y cwmni ar Ddygwyl Dewi 1872, roedd yn bleser ganddo ddwyn y newyddion da a ganlyn i sylw'r cyfranddalwyr: 'The line has been opened throughout the whole distance for several weeks for goods and minerals, with most encouraging results – the receipts having increased to more than double the amount previously taken.' Agorodd y lein i deithwyr ar 12 Gorffennaf 1875 ac yn y flwyddyn newydd cymerwyd y camau cyntaf tuag at ymestyn y rheilffordd i Aberteifi.

Pasiwyd y gyntaf o ddwy Ddeddf Seneddol a roes fod i reilffordd Hendy-gwyn ac Aberteifi, sef y Cardi Bach, yn 1877, y flwyddyn pan oedd dyfodol gwaith mwyn Llanfyrnach yn y fantol, gan na lwyddwyd i gynhyrchu mwy nag wyth tunnell bitw o fwyn plwm. Fodd bynnag, aeth chwe blynedd heibio cyn y rhoddwyd cychwyn ar y gwaith o adeiladu'r rheilffordd, dan oruchwyliaeth y peiriannydd J. B. Walton o Westminster, Llundain, y tro hwn. Unwaith yn rhagor, tomenni llechi'r Glog oedd ffynhonnell y balast a brynwyd oddi wrth John Owen, y gŵr busnes hirben a Chadeirydd y Cardi Bach, i greu'r llwybr cadarn y gosodid y slipers a'r cledrau arno bob cam i Aberteifi. Er y bu'n dyst i'r trên cyntaf a gyrhaeddodd Aberteifi ym mis Awst 1885, bu farw John Owen ar 30 Mai 1886 yn 68 oed, dri mis yn unig cyn agoriad swyddogol y rheilffordd ar 31 Awst 1886, a'r dyddiad y daeth rheilffordd Hendy-gwyn ac Aberteifi yn eiddo i gwmni'r GWR (Great Western Railway).

Ar 1 Ionawr 1948 daeth y Cardi Bach yn rhan o Ranbarth Gorllewinol y Rheilffyrdd Prydeinig gwladoledig. Daeth y gwasanaeth i deithwyr i ben ym mis Medi 1962, ac i nwyddau ym mis Mai 1963. Cwblhawyd y gwaith o godi'r cledrau yng Ngorffennaf 1964. Ysbrydolodd y trac didramwy y Parchg D. Gwyn Evans, brawd y chwarelwr a'r bardd, Tomi Evans, i lunio 'Awdl Farwnad i'r Cardi Bach'. Yr englyn a ganlyn sy'n cloi'r gerdd:

> O'i ballu, mynnaf bellach – ei gyfarch
> A'i hir-gofio mwyach:
> Eto, pwy wad nad tlotach
> Ydyw byd heb Gardi Bach.

Ym mynwent capel Llwyn-yr-hwrdd saif y gofgolofn a godwyd gan gyfeillion ac edmygwyr John Owen, 'y gŵr a droes ei aur yn haearn ar y rheilffordd o'r Hendy-gwyn i Aberteifi', chwedl E. Llwyd Williams. Ar y gofeb, a ddadorchuddiwyd ar 18 Rhagfyr 1912 yng ngŵydd holl blant Ysgol Tegryn, ceir y deyrnged a ganlyn:

> He was a large employer of labour[,] a keen educationist and did much to promote the welfare of this neighbourhood. The crowning effort of his life however was the Whitland and Cardigan Railway in the promotion of which he spent a large sum of money and laid the public under a lasting debt of gratitude.

Pennaf cymwynas y gŵr, heb os, oedd hyrwyddo datblygiad rheilffordd y Cardi Bach, menter a hawliai oriau lawer o'i amser dros gyfnod o ddeunaw mlynedd. Eto i gyd, ni fu'n euog o esgeuluso'r gwaith o ddatblygu chwarel y Glog. Roedd y 1870au cynnar, blynyddoedd a fu'n dyst i agoriad y rheilffordd cyn belled â'r Glog yn 1873 a'r gwaith o godi pedwar tŷ Glogue Terrace tua phedair neu bum mlynedd cyn hynny, yn

Hen iet croesfan rheilffordd y Glog

gyfnod tra ffyniannus yn hanes y chwarel. Yn ôl y sôn, roedd yr 80 o wŷr a gyflogid, y rhan fwyaf o ddigon ohonynt yn frodorion plwyfi lleol megis y chwe slater a drigai yn Glogue Terrace, yn cynhyrchu rhwng 18,000 ac 20,000 o dunelli o lechfaen y flwyddyn. Defnyddid peth ohono i lunio llefydd tân a hyd yn oed slabiau o lechfaen i'w gwneud yn fordydd biliards i'w hallforio i Ffrainc a gwledydd eraill.

Ond wedi'r llanw mawr, trai. Mewn ymgais i werthu'r chwarel, mynnai John Owen nad oedd chwareli llechi hafal i'r Glog yn unman arall yn ne Cymru: 'The quarries occupy the position of Lord Penryn's [*sic*] in North Wales. Only the "Glogue" has complete monopoly in South Wales, there

Cofeb John Owen, mynwent capel Llwyn-yr-hwrdd

being no other quarries in the south worth talking about.' Os dweud, dweud. Ond o ystyried bod y 1870au hwyr yn gyfnod o drai yn hanes y diwydiant, nid yw'n syndod yn y byd na lyncodd neb yr abwyd. Doedd dim amdani, felly, ond meddwl am sut y gellid arallgyfeirio'r fenter.

Roedd pob tunnell o lechfaen o werth yn esgor ar 24 tunnell o gerrig wast y gellid, gyda chymorth y peiriannau ac odynau priodol, eu defnyddio i gynhyrchu briciau. Gan mai methiant fu pob ymdrech ar ei ran i sefydlu cwmni a fyddai'n fodlon ymgymryd â'r fenter newydd arfaethedig, penderfynodd John Owen arwerthu'r chwarel. Yn dilyn ei farwolaeth yn 1886, fodd bynnag, aros yn nwylo teulu fferm y Glog a wnaeth y chwarel a'r tir hyd nes i nai i John Owen, mae'n debyg, ei brynu rywbryd cyn dyddiad yr arwerthiant. Yn 1890 rhoes yntau gynnig ar sefydlu'r Glogue Brick and Slate Works Co., ond gan na fu ei ymdrech damaid yn fwy llwyddiannus na chynnig ei ewythr, fe werthodd stad y Glog i gwmni o Lundain yn 1895. Ymhen oddeutu deng mlynedd, roedd y chwarel ym meddiant dau ŵr lleol, cyn i drafferthion ariannol eu gorfodi i ildio'r awenau a'u gosod yn nwylo pedwar Llundeiniwr, a lansiodd y cwmni Glogue Slate Quarries Ltd, a fu'n berchen ar y chwarel rhwng 1919 ac 1926, y flwyddyn y daeth y gwaith i ben.

Cyfnod o lanw a thrai hefyd oedd y tair blynedd ar hugain olaf yn hanes y chwarel, yn ôl un cyn-slater a rannodd ei atgofion gydag E. T. Lewis, awdur *Llanfyrnach Parish Lore*. Ac eithrio 1923–24, pan enillai oddeutu 80 o wŷr eu bara 'menyn yn y gwaith, rhwng 25 a 50 o ddynion a gyflogid yn ystod y blynyddoedd hynny, pryd y penderfynodd perchenogion anfrodorol y cwmni ganolbwyntio ar gynhyrchu slâts, na allent gystadlu â llechi toi rhagorach chwareli gogledd-orllewin Cymru, yn hytrach nag amrediad o gynhyrchion yr oedd galw amdanynt yn lleol. Serch hynny, ac er gwaethaf rhagolygon economaidd anaddawol y 1920au, codwyd melin newydd ym Medi 1923, a hynny chwe mis wedi i J. Lloyd Humphreys, gŵr a fuasai cyn hynny yn rheolwr chwarel lechi'r Oakley, Blaenau Ffestiniog, gael ei benodi'n rheolwr y chwarel. Yna, ar achlysur agor sied beiriant newydd yn gynnar yn 1925, cynhaliwyd cyngerdd a fynychwyd gan bawb a oedd yn gysylltiedig â'r chwarel, gan gynnwys y bardd Tomi Evans o Flaendyffryn, Tegryn, a weithiai yno fel holltwr llechi. Y gwir yw, doedd fawr i'w ddathlu oherwydd cau fu hanes chwarel y Glog a hynny ym mis Mawrth 1926.

Gyda thranc y diwydiant llechi daeth hanes diwydiannol Dyffryn Taf i ben, digwyddiad a fu'n gryn ergyd ychwanegol i addoldai'r ardal, yn enwedig i dri o'r capeli Anghydffurfiol a godwyd o slabiau llyfnadd a blociau garw o lechfaen y Glog: Llwyn-yr-hwrdd (codwyd 1805, ailadeiladwyd a helaethwyd 1817, 1844 ac 1874), eglwys yr Annibynwyr ar gyrion pentref Tegryn, a'i changen, Brynmyrnach (codwyd 1888), ym mhentref Hermon; a Hermon (codwyd 1808, ailadeiladwyd 1835 ac 1864), eglwys y Bedyddwyr. Yr un meini sydd i'w gweld ym muriau Eglwys Brynach Sant a ailgodwyd yn ei harddull Gothig Duduraidd yn 1842.

Chwe blynedd cyn cau'r chwarel, caewyd drysau melin falu'r Glog hefyd am y tro olaf. Prin yw hanes Ffatri'r Glog, y ffatri wlân a godwyd ar lawr y dyffryn yn ystod y 1880au ryw led cae o ochr uchaf stesion y Glog, ond go brin y llwyddodd y diwydiant gwledig hwnnw i oroesi blynyddoedd blin y 1930au chwaith. Yna, yn 1970, cafodd safle'r chwarel ei brynu gan

Capel Brynmyrnach, Hermon

Capel Hermon

Mansel Davies a'i Fab, Cyf., a ddefnyddiai'r tomenni llechi yn ffynhonnell metlin (cerrig heol). O ganlyniad, nid oes fawr o nodweddion yr hen chwarel i'w gweld bellach, ac eithrio clogau'r ddau bwll.

*Chwareli llechi Craig y Cwm a Bellstone*
I'r rhan fwyaf o gerddwyr y dwthwn hwn, taith ddigon blinedig ond pleserus yw honno o Rosebush hyd safle hen chwarel lechi Craig y Cwm ar uchder o oddeutu 475 metr, fry ar lechweddau dwyreiniol, serth Foel Cwmcerwyn. Nid blinedig ond profiad hynod boenus i weithlu'r chwarel yn y flwyddyn 1825 oedd araf ymlwybro hyd y llecyn digysgod, digroeso hwnnw ddydd ar ôl dydd, boed hindda neu ddrycin, ac yna ymgymryd ag oriau hir o waith llafurddwys cyn ei throi hi tua thre ac i glydwch cymharol eu bythynnod a'u tyddynnod llaith ar lawr gwlad plwyfi Maenclochog a Llandeilo'n bennaf.

Gorchwyl beunyddiol cyntaf y 60 gŵr a gyflogid gan J. F. Barham yn 1825 oedd cloddio llwybr mynediad yr ymestynnai rhan ohono ar draws cefnfur gorserth peiran Cwmcerwyn, cyn belled â safle'r gloddfa arfaethedig. Am gyflawni hynny, caent dâl o ychydig dros swllt (5 ceiniog) y dydd. Yna, ar ôl cwblhau'r llwybr, cyflogid chwe chreigiwr, am 1s 8d (8.3 ceiniog) y dydd, a 12 slater (holltwr) am 2s 3d (tua 10 ceiniog) y dydd yn y gobaith o gynhyrchu digon o slâts, yn hytrach na slabiau, a fyddai ymhen amser yn esgor ar elw i'r tirfeddiannwr, sef y Parchg Charles (Henry Foster-) Barham, a oedd yn aelod o deulu Barham, Trecŵn, ac yn frawd i J. F. Barham, yn ôl pob tebyg. Ond nid felly y bu. Methiant alaethus oedd y fenter, fel y tystia dinodedd y gloddfa a'r ffaith i'r gwaith gau ymhen cwta bedwar mis. Go brin, felly, fod unrhyw wirionedd yn yr hanes fod cyflenwad o slâts wedi'i gludo oddi yma yn 1841 a'i allforio i Wlad Belg, a hynny 35 o flynyddoedd cyn y cyrhaeddodd Rheilffordd Maenclochog orsaf Rosebush.

Llwybr mynediad Chwarel Craig y Cwm

Olion chwarel ddi-nod Craig y Cwm

Wedi aflwyddiant chwarel Craig y Cwm, ymgymerodd J. F. Barham â'r dasg o ddatblygu chwarel lechi Bellstone (mae'r enw yn drosiad o Faenclochog, y pentref agosaf), a agorwyd rywbryd cyn 1825 wrth odre llechweddau gorllewinol Cnwc (427m), ychydig i'r de-orllewin o gopa Foel Cwmcerwyn. Yn 1826, gwta flwyddyn wedi i Barham gydio yn awenau'r fenter, a adwaenid yn wreiddiol fel 'chwarel Prescelly', dim ond deg o chwarelwyr a gyflogid ganddo i weithio'r llechfaen mewn cyfres o bedwar o byllau a oedd yn agored i'r elfennau. Blynyddoedd dilewyrch oedd y 1830au hefyd, er i Samuel Lewis, awdur *Topographical Dictionary of Wales*, ddweud bod peth gwaith ar gael yn chwarel Prescelly, yr unig

Un o byllau bach Chwarel Bellstone

gloddfa lechi o bwys ym mhlwyf Maenclochog y pryd hwnnw: 'the inhabitants, with the exception of such as are employed in agriculture, are engaged in working quarries of slate of good quality, which is found in the parish.' Gwaetha'r modd, nid da oedd ansawdd y llechfaen brau lleol, yn enwedig o'i gymharu â llechfeini gogledd-orllewin Cymru. At hynny, anaddawol oedd y rhagolygon ar gyfer y degawd newydd.

Yn ôl cyfrifiad 1841, 13 slater yn unig, o blith holl drigolion plwyf Maenclochog a phlwyfi cyfagos Llandeilo, Llangolman, Llandysilio, Llan-y-cefn a Mynachlog-ddu, a enillai eu bywoliaeth yn chwarel Bellstone. Dim ond un archeb sylweddol a dderbyniwyd yn 1841, a hynny gan farsiandïwyr o Wlad Belg o bobman. Cludwyd 45 tunnell o lechi toi dros y tir i Abergwaun a'u hallforio i Ostend. Er mai llwyth o '1ˢᵗ Ladies' a '2ⁿᵈ Ladies', sef llechi toi a fesurai feintiau safonol penodol, a allforiwyd, 'locals' oedd prif gynnyrch y chwarel gan nad oedd yr holltedd, a fyddai'n achosi i flocyn o lechfaen hollti ar hyd cyfres o blanau cyfochrog ac agos i'w gilydd, yn ddigon da. Llechi bychain trwchus, eilradd, ansafonol eu maint ac amrywiol eu trwch, oedd 'locals', a phan gaeodd y chwarel am gyfnod o dair blynedd ar ddeg yn 1845 roedd dros 500,000 ohonynt ymhlith y 700,000 o slâts oedd heb eu gwerthu.

Er i'r chwarel ailagor yn 1858, ni chynhyrchwyd fawr ddim. Ac felly y bu yn ystod oes fer y Bellstone Slate Company Ltd a gofrestrwyd yn 1866 a'r Bellstone Slate Quarries Company Ltd a ffurfiwyd yn 1881, wedi i chwe Llundeiniwr yn ogystal â Hugh Owen, y tirfeddiannwr lleol a oedd o gyff Oweniaid Orielton, de Penfro, gyfrannu'r cyfalaf o £30,000 y bernid y

Mae pyllau Chwarel Bellstone i'r chwith o galerïau Chwarel Rosebush

byddai ei angen arnynt er sicrhau llwyddiant y fenter. Ymhen dim o dro, sylweddolodd y buddsoddwyr byrbwyll nad oedd fawr o obaith iddynt wireddu eu breuddwydion ariannol ac, felly, mewn ymdrech daer i'w digolledu eu hunain ymddangosodd yr hysbyseb ganlynol yn y wasg leol yn 1882, gwta flwyddyn ar ôl sefydlu'r cwmni:

SLATES! SLATES!

70,000 Local slates for cottages, outhouses &c are now on sale at Bellstone Quarries, Rosebush. Apply to Mr Phillips, Manager.

Fe ailymddangosodd yr un hysbyseb droeon, ond doedd y buddsoddwyr ddim elwach. Yn y diwedd, caeodd y chwarel amhroffidiol yn 1889.

*Chwarel lechi Rosebush a Rheilffordd Maenclochog*

Prin iawn yw'r wybodaeth am ddyddiau cynnar chwarel lechi Rosebush, cloddfa fwyaf trawiadol y Preselau, ond bach o ran maint. Serch hynny, mae enwau'r bythynnod a arferai sefyll ar fin y lôn a ddilynai odreuon y llechweddau, a fyddai ymhen blynyddoedd yn safle'r chwarel, yn awgrymu y cawsai'r cloddfeydd cynharaf eu hagor rywbryd cyn 1841. Yng nghyfrifiad y flwyddyn honno roedd tri bwthyn yn dwyn yr enw 'Dan y quarre' ac un, 'Quarre'. Fodd bynnag, aeth ychydig dros ugain mlynedd heibio cyn y sefydlwyd y Rosebush Slate Company Ltd yn 1863, cwmni a oedd a'i fryd ar ddatblygu'r chwarel ar raddfa fasnachol a fyddai'n sicrhau elw sylweddol i'w hapfuddsoddwyr mentrus. Byddai gorfentrus yn rheitiach ansoddair, oherwydd penderfynwyd dirwyn y fenter aflwyddiannus i ben yn 1868.

Flwyddyn yn ddiweddarach, prynwyd y chwarel adfeiliog a'r ychydig beiriannau gan Edward Cropper (1799–1877), dyngarwr a marsiandïwr cefnog o Gaint a hanai o deulu o Grynwyr, am grocbris o oddeutu £4,500. Ac yntau bellach yn berchen ar eiddo rhyddfraint, nid oedd na rhent na chyfran o unrhyw elw yn ddyledus i neb arall. Gwyddai'r gŵr busnes

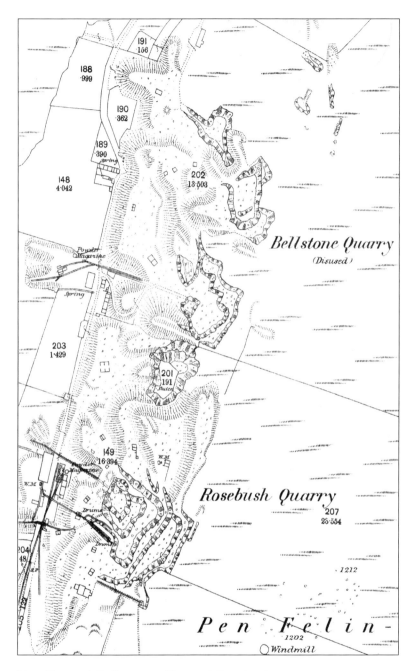

Hen Chwarel Bellstone a Chwarel Rosebush
(Map Arolwg Ordnans 1:2,500, tirfesurwyd 1889
trwy garedigrwydd Llyfrgell Genedlaethol Cymru)

uchelgeisiol hwn hefyd nad oedd gobaith i'r diwydiant llechi ffynnu heb fod modd i gludo'r cynnyrch i ardaloedd poblog ymhell y tu hwnt i fro'r Preselau. Felly, ar ei gost ei hunan, aeth Cropper ati i gynllunio ac adeiladu Rheilffordd Maenclochog gyda chymorth Joseph Babington Macaulay (1846–1909), gŵr a chanddo fudd mewn mentrau ariannol lleol ac a drigai am gyfnod yn Grondre, Clunderwen. Mab Henry William Macaulay a'i wraig Margaret (Denman gynt) oedd Joseph ond, yn dilyn marwolaeth ei dad, fe briododd ei fam Edward Cropper ar 10 Awst 1848 ac yna y Cyrnol John Owen ar 22 Ebrill 1879, ddwy flynedd ar ôl marwolaeth Cropper yn ei gartref, Swaylands yn Penshurst, Caint, ar

Galerïau Chwarel Rosebush

23 Mai 1877. Yn fab i'r tirfeddiannwr lleol, Syr Hugh Owen o Orielton, de Penfro, ymgartrefodd John Owen a'i wraig Margaret mewn tŷ o'r enw 'The Villa', a saif hyd heddiw ar fin y ffordd fawr ar gyrion Rosebush.

Gan mai menter breifat fyddai'r rheilffordd, nid oedd angen caniatâd Deddf Seneddol i'w hadeiladu. Ar ôl gwneud arolwg o lwybr y lein arfaethedig tua 1870 ac wedi i'r Bwrdd Masnach gyflwyno i Cropper dystysgrif a roddai iddo'r hawl i adeiladu'r rheilffordd, cyfrifoldeb Joseph Macaulay, a oedd yn frwd o blaid y cynllun, oedd prynu'r tir angenrheidiol ar ran ei lystad, a dod i gytundeb â'r Great Western Railway (GWR) ynglŷn â chreu cyffordd yn y man lle y byddai'r gangen leol yn ymuno â'r lein fawr. Ar 15 Ebrill 1873 torrwyd tywarchen gyntaf y rheilffordd gan wraig Macaulay ger safle gorsaf Narberth Road (Clunderwen heddiw). Erbyn mis Ionawr 1876 roedd y cledrau yn ymestyn cyn belled â Rosebush, terfyn Rheilffordd Maenclochog, 8¼ milltir (c.13.3km) o Narberth Road. Y tu hwnt i orsaf Rosebush, âi cangen o'r lein yn ei blaen i'r chwarel gyfagos, estyniad a hwylusai'r gwaith o gludo llechi toi a slabiau o lechfaen o'r chwarel ddiarffordd. Wyth mis yn ddiweddarach, ar 19 Medi 1876, agorwyd y rheilffordd i deithwyr, digwyddiad a esgorodd ar ddiwrnod i'w gofio ym Maenclochog. Darparwyd gwledd a thraddodwyd areithiau yn y babell fawr a godwyd ar safle'r orsaf, digwyddiad a fynychwyd gan Edward Cropper a'i wraig, Margaret, ynghyd ag aelodau eraill o deuluoedd Cropper a Macaulay, a gwahoddedigion o fri. Wrth reswm, perchennog y rheilffordd a'r chwarel, yn ogystal â'i gymar, oedd gwrthrych 'Llwncdestun y Dydd' a gynigiwyd gan Richard Lewis, Archddiacon Tyddewi. Ac ar ôl i Edward Cropper ymateb i'w eiriau caredig, estynnwyd gwahoddiad i'r dorf o rai cannoedd o bobl, a oedd wedi ymgynnull y tu allan i'r babell, i gamu i mewn iddi i fwynhau'r lluniaeth a ddarparwyd ar eu cyfer.

Gan iddo farw gwta flwyddyn wedi agoriad Rheilffordd Maenclochog i drenau nwyddau yn Ionawr 1876, y gwir yw na fu Edward Cropper yn dyst i lwyddiant byrhoedlog y fenter honno nac ychwaith i ffyniant byrhoedlog y chwarel a wasanaethid gan y lein leol. Hyd ei farwolaeth,

Adfeilion y sied locomotif, ar bwys y goeden, a melin y chwarel

amcangyfrifwyd iddo wario oddeutu £30,000 ar ddatblygu a helaethu'r chwarel ar ffurf pedwar prif galeri neu bonc, gwaith a oruchwyliwyd gan Joseph Macaulay. Codwyd melin wynt ar ysgwydd Cnwc (safle a adwaenir fel Pen Felin-wynt), y bryn fry uwchlaw'r chwarel, gyda'r bwriad o'i defnyddio i yrru'r peiriannau a ddefnyddid i naddu a hollti'r llechfaen, ond fe'i difrodwyd mewn storm cyn y gellid gwneud unrhyw ddefnydd ohoni. Ar arwyneb gwastad y tomenni llechi islaw'r chwarel, adeiladwyd melin ac ynddi bedwar llif a thri phlaen a yrrid gan dwrbin dŵr. Yn yr adeilad hwnnw y câi'r clytiau o lechfaen llwydlas, brau, a oedd, yn ôl ambell sylwedydd llai gwybodus na'i gilydd, 'o ansawdd hafal i chwareli

Bythynnod Y Stryd, Rosebush

Y gronfa ddŵr a sefydlwyd drwy foddi un o byllau Chwarel Bellstone, sef y pwll agosaf at Chwarel Rosebush

enwocach gogledd Cymru', eu llifio a'u hollti'n slabiau – y prif gynnyrch – a llechi toi. Ni chafodd anghenion y chwarelwyr eu diystyru chwaith. Tua diwedd y 1870au codwyd stryd o chwech ar hugain o fythynnod cymharol glyd ar eu cyfer ac fe gâi dŵr glân o gronfa yn y chwarel ei gludo mewn pibau i'w cartrefi. Ys dywedodd E. Llwyd Williams yn *Crwydro Sir Benfro: Yr Ail Ran*, 'Yr oedd tap yn Rosebush pan oedd gwŷr Maenclochog a Threfdraeth yn dibynnu ar stên a chrochan.'

Am ychydig flynyddoedd wedi i Edward Cropper brynu chwarel Rosebush yn 1869 fe gynyddodd y pris a delid am lechi, ond gostwng yn gyflym fu ei hanes yn fuan wedi i Reilffordd Maenclochog agor ar gyfer cludo teithwyr ym Medi 1876. Roedd yn dda, felly, fod cynlluniau eisoes ar y gweill i ddatblygu Rosebush yn ganolfan i dwristiaid, ardal y gobeithiai Cropper a'i lysfab, Joseph Macaulay, y byddai miloedd

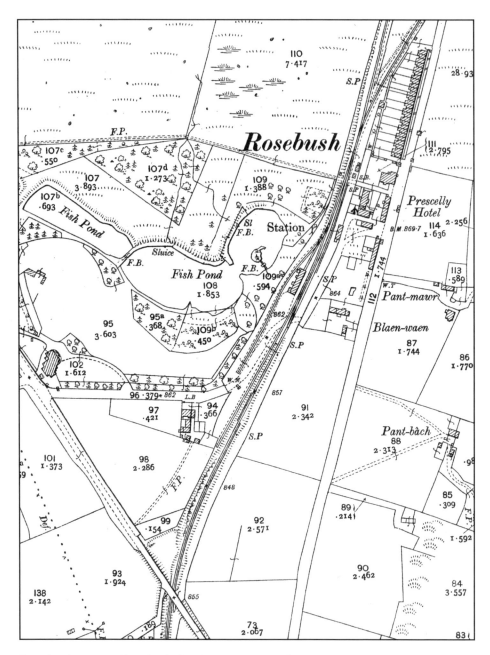

Rosebush, y ganolfan dwristiaeth arfaethedig: Prescelly Hotel a'r
llynnoedd addurnol

Map Arolwg Ordnans 1:2,500, tirfesurwyd 1889
Trwy garedigrwydd Llyfrgell Genedlaethol Cymru

o ymwelwyr o bob rhan o dde Cymru yn tyrru iddi er mwynhau ei hamrywiol atyniadau. Yn wir, erbyn agoriad gorsaf Rosebush roedd y Precelly Hotel, a godwyd o bren a haearn rhychiog dafliad carreg o'r stesion, yn barod i groesawu ei gwsmeriaid cyntaf. A gallai'r ymwelwyr a ddymunai deithio i Abergwaun fanteisio ar wasanaeth y goets fawr a gâi ei thynnu gan y ceffylau a gedwid yn y stablau y tu ôl i'r gwesty.

Disgrifiwyd atyniadau'r Precelly Hotel a holl ryfeddodau'r tir cyfagos gan Joseph Macaulay, awdur y llyfryn *A Guide Book for the use of Visitors to the Precelly Range*, a gyhoeddwyd, yn ôl pob tebyg, ym Mai–Mehefin 1879. Dan y to gwydr a gysylltai'r gwesty â'r ystafell filiards roedd rhedynog fach (*fernery*), ac wrth syllu drwy'r telesgop a gedwid yn 'the South Visitors' Room' haerai'r awdur y gellid gweld nid yn unig gopaon Mynydd Cilciffeth a Mynydd Cas-fuwch tua'r gorllewin ond hefyd Garn-englwr (Carn Ingli) tua'r gogledd. Gor-ddweud ar ei ran oedd hynny, gan fod y garn greigiog honno yn guddiedig y tu draw i Foel Eryr a Bwlch-gwynt. Y tu allan i'r gwesty, roedd y bibell ddŵr a gyflenwai'r chwe bwthyn ar hugain hefyd yn darparu dŵr yfed i bump o fythynnod eraill, dau dŷ a'r gwesty, tra defnyddid yr hyn a oedd dros ben i gyflenwi 'one miniature waterfall and ornamental reservoir [llyn ar dir a oedd yn eiddo i'r Cyrnol John Owen], a tarn [llyn bach] fronting the hotel, [and] three fair-sized and five miniature fountains'. Ceid yn ogystal ale fowlio sgitls; man chwarae coetiau; gerddi cerrig o ddiddordeb daearegol a oedd yn cynnwys enghreifftiau o feini igneaidd y Preselau a chalchfaen o Ddinbych-y-pysgod; hafdai addurnol; llwybrau cerdded a llwyni asalea a rhododendron a ffynnai ym mhriddoedd mawnaidd, asidig yr ardal. Ar raddfa fach, roedd y gerddi tirlun yn ddrych o rai o nodweddion parcdir tirluniedig Dingle Bank, stad 12 hectar (30 erw) y teulu Cropper ar lan afon Mersi a ddisgrifiwyd fel a ganlyn yn 1843: 'A sweet romantic dell ... tastefully laid out in shady and winding walks, with numerous arbours and rustic seats.'

Yn y gobaith y byddai dyfroedd tair ffynnon leol yn meddu ar briodoleddau meddyginiaethol, anfonodd Macaulay samplau o'r dŵr at nifer o 'Athrawon o fri' yn Llundain. Cafwyd bod y ffynhonnau yn 'decidedly chalybeate', sef bod y dŵr yn cynnwys halwynau haearn, ond nid oedd ynddo y mymryn lleiaf o fwynau iachusol. Roedd y canlyniad yn siom enbyd i Macaulay, a wyddai bellach na fyddai modd datblygu Rosebush yn sba a allai gystadlu â Chaerfaddon a hyd yn oed Royal Tunbridge Wells, cyrchfan hynod ffasiynol a fynychid gan aelodau o'r teulu brenhinol, uchelwyr a chrachach Lloegr yn ystod y ddeunawfed ganrif.

Er gwaetha'r siom, cyhoeddwyd a dosbarthwyd copïau o ddau boster lliwgar, hynod atyniadol ac uniaith Saesneg (ac eithrio dau ddyfyniad Cymraeg ar un ohonynt) mewn ymdrech i ddenu'r miloedd i brynu eu tocynnau a theithio ar Reilffordd Maenclochog i Rosebush, 'the resort of those who seek scenery[,] health & repose', 'easily reached from all parts of south Wales'. Ac roedd golygfa heb ei hail yn aros yr ymwelwyr hynny a fyddai'n mentro cyrchu copa'r 'Precelly Mountains'. O'r fan honno,

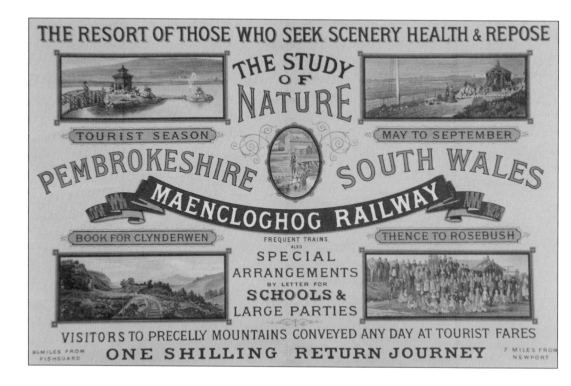

'acknowledged by many to be the most extensive view of land & water in the British Isles', yn ôl un o'r posteri, gellid mwynhau'r panorama a gwmpasai (ar ddiwrnod clir) y rhan helaethaf o Gymru, de-ddwyrain Iwerddon a gogledd Dyfnaint.

Ysywaeth, ni chafodd y posteri a gyhoeddwyd tua 1880 ac a froliai holl atyniadau 'Roscbush & Precelly Mountains' y dylanwad y gobeithiai Joseph Macaulay a'i gyfaill, y Cyrnol John Owen a'i wraig Margaret (mam Joseph), amdano. Erbyn y 1880au cynnar daeth yn amlwg nad oedd gobaith gwireddu'r freuddwyd o ddatblygu Rosebush, o bob man, yn ganolfan dwristiaeth. At hynny, prin y gallai Rheilffordd Maenclochog fforddio'r £500 y flwyddyn a oedd yn ddyledus i'r GWR am ddefnyddio cyfleusterau cyffordd Clunderwen. Oherwydd y trafferthion ariannol penderfynwyd cau'r rheilffordd, a hynny ar 31 Rhagfyr 1882.

Roedd y rheilffordd, ynghyd â'r chwarel a'r holl ddatblygiadau yn Rosebush, yn eiddo i Edward Denman Cropper yn dilyn marwolaeth ei dad, Edward Cropper. Ond gan nad oedd gan y mab fawr ddim diddordeb ym musnesau'r teulu, Joseph Macaulay oedd yn gyfrifol amdanynt. Roedd cau'r rheilffordd yn 1882 yn ergyd farwol i'r chwarel, er bod yr ysgrifen ar y mur ymhell cyn y dyddiad hwnnw. Yn ôl Alun John Richards, awdur *The Slate Quarries of Pembrokeshire*, enillai dros 100 o ddynion eu bara 'menyn yn y chwarel fach yn dilyn agor y rheilffordd yn 1876. Ategwyd ei farn gan Eirwyn George a ddisgrifiodd y chwarel yn ei gerdd 'Gorsaf Rosebush' yn *Perci Llawn Pobol*, fel un a fu 'unwaith fel cwch gwenyn', cloddfa hynod brysur a anfonai ei chynnyrch 'i begynau'r byd'. Er nad oes unrhyw dystiolaeth ddibynadwy i gynnal naill ai haeriad yr awdur na barn y bardd, diau fod rhai o'r gweithwyr a'u teuluoedd yn ymgartrefu yn chwe bwthyn ar hugain newydd Y Stryd a godwyd ar eu cyfer, a hynny cyn diwedd y 1870au. Erbyn cyfrifiad 1881, fodd bynnag, dim ond naw o wŷr plwyf Maenclochog a phlwyfi cyfagos Llandeilo, Llangolman, Llandysilio, Llan-y-cefn a Mynachlog-ddu a oedd yn eu disgrifio eu hunain naill ai fel 'chwarelwr'

Adfeilion Trinant nid nepell o Rosebush, arwydd o'r diboblogi

neu 'slater', ac un 'chwarelwr' ac un 'slater' (a aned yng Nghaernarfon) yn unig a gofrestrwyd ymysg y deuddeg gŵr a drigai ym mythynnod Y Stryd. At hynny, roedd deg o'r tai hynny'n wag. Ddeng mlynedd yn ddiweddarach roedd y sefyllfa yn waeth. Pum gŵr yn unig a drigai yn Y Stryd, ond dim ond dau ohonynt – un chwarelwr ac un labrwr – a weithiai yn chwarel Rosebush. Roedd deuddeg o'r bythynnod yn wag. Gan nad oedd fawr ddim gwaith ar gael yn lleol, bu'n rhaid i'r gwŷr a'u teuluoedd ymadael â bro eu mebyd, ymfudiad a esgorodd ar ostyngiad sylweddol ym mhoblogaeth plwyf Maenclochog.

Er i'r rheilffordd a wasanaethai'r chwarel ailagor yn 1884, caeodd unwaith yn rhagor yn 1888. Ym mis Chwefror 1889 roedd y chwarel a Rheilffordd Maenclochog, gan gynnwys y cerbydau, y wagenni a'r tri locomotif, ar werth – *Prescelly* (1875), *Ringing Rock* (1876; sef Maenclochog o'i gyfieithu) a *Margaret* (1878; fe'i henwyd ar ôl gwraig

Edward Cropper ac mae i'w gweld hyd heddiw ar dir Parc Gwledig Maenor Scolton, yn agos i Hwlffordd). Fe wyddai Edward Denman Cropper yn iawn mai sigledig, a dweud y lleiaf, oedd seiliau ariannol y naill fenter a'r llall. Ond 'llawer gwir, gorau ei gelu'. Felly, yn ôl y broliant cwbl gamarweiniol, onid celwyddog, ar glawr blaen catalog yr arwerthiant, a gynhaliwyd yn Llundain, honnwyd bod y chwarel a'r rheilffordd yn 'sound commercial undertakings ... Having every probability of earning Immediate Profitable Returns, with prospects of being largely remunerative in the near future'! Afraid dweud na lwyddodd yr arwerthwyr i werthu yr un o'r ddwy fenter fethiannus.

Cafwyd gwell lwc bum mlynedd yn ddiweddarach pan lwyddodd Edward Denman Cropper i werthu'r rheilffordd adfeiliog i gwmni Rheilffordd Gogledd Penfro ac Abergwaun am £50,000 ym mis Mai

*Margaret*

165

BY ORDER OF THE MORTGAGEE.

# SOUTH WALES.

*PARTICULARS AND CONDITIONS OF SALE*

OF THE

# MAENCLOCHOG RAILWAY,

AND THE

# ROSEBUSH QUARRY,

## BOTH SOUND COMMERCIAL UNDERTAKINGS,

*Having every probability of earning Immediate Profitable Returns, with prospects of being largely remunerative in the near future.*

## WHICH WILL BE SOLD BY AUCTION

(In Two Separate Lots)

### BY MESSRS.

# ELLIS MORRIS, SUTHERLAND & CO.

AT THE MART, TOKENHOUSE YARD, LONDON, E.C.,

## On WEDNESDAY, 20th day of FEBRUARY, 1889,

AT TWO O'CLOCK PRECISELY.

Copies of these Particulars and Conditions of Sale can be had of

ALGERNON E. SYDNEY, Esq., Solicitor, 46, Finsbury Circus; of Messrs. HUGHES, MASTERMAM, & REW, Solicitors, 59, New Broad Street, E.C.; and of

Messrs. ELLIS MORRIS, SUTHERLAND & CO., Land Agents and Auctioneers, 5, King Street, Cheapside, London, E.C.

(trwy garedigrwydd Llyfrgell Genedlaethol Cymru)

1894. Bellach, doedd a wnelo teulu Cropper ddim oll â Rheilffordd Maenclochog. Er hynny, roedd Joseph Macaulay a'r Cyrnol John Owen yn gefnogol i'r syniad o ymestyn y rheilffordd o Rosebush i Abergwaun. Agorwyd y lein cyn belled â Threletert ar 14 Mawrth 1895 ac i ddathlu'r achlysur cynhaliwyd gwledd yn y Precelly Hotel, digwyddiad a fynychwyd gan yr Anrhydeddus Mrs Margaret Owen a Mrs Joseph Macaulay. Trosglwyddwyd awenau Rheilffordd Gogledd Penfro ac Abergwaun i ddwylo'r GWR yng Ngorffennaf 1898, a'r cwmni enwog hwnnw a agorodd y lein i Abergwaun ac Wdig ar 1 Gorffennaf 1899. (Ddeunaw mlynedd yn ddiweddarach, bu'n rhaid i'r GWR gau'r rheilffordd rhwng Clunderwen a Threletert dros gyfnod o bum mlynedd oherwydd bod angen cyfran o'r cledrau ar feysydd cad y Rhyfel Byd Cyntaf. Caeodd y rheilffordd drachefn yn ystod yr Ail Ryfel Byd, pryd y defnyddiodd y lluoedd arfog gerbydau ar y lein ar gyfer ymarfer saethu! Er i'r rheilffordd ailagor wedi'r rhyfel, caewyd hi rhwng Clunderwen a Threletert yn 1949 ac fe godwyd y cledrau yn 1952.)

Ar 11 Mehefin 1899, lai na mis cyn i'r rheilffordd gyrraedd Wdig, bu farw Margaret Owen yn ei chartref yn Rosebush, yn 83 oed. Cafodd ei chladdu yn yr un bedd â'i gŵr, y Cyrnol John Owen, ym mynwent Eglwys y Santes Fair, Maenclochog. Drwy fod yn gefn i'w hail ŵr, Edward Cropper, ei thrydydd gŵr, John Owen a'i mab Joseph Macaulay, fe chwaraeodd Margaret ran bwysig yn hanes Rheilffordd Maenclochog. Ar ben hynny, bu hi a John Owen yn hael eu cefnogaeth i achosion lleol, megis atgyweiriad yr eglwys, yn ystod y 1880au cynnar. Afraid dweud mai o chwarel Rosebush y cafwyd y llechi i ail-doi'r adeilad.

Ym mis Tachwedd 1901 gosodwyd plac pres er cof am deulu Cropper, ac Edward Cropper yn arbennig, ar fur corff Eglwys Maenclochog. Yna, ddeuddeng mlynedd yn ddiweddarach, casglodd trigolion Rosebush a'r fro yr arian yr oedd ei angen arnynt i godi cofeb er cof am dri o gymwynaswyr pennaf yr ardal. Saif y gofeb, sydd ar ffurf piler o

Carreg fedd Margaret Owen a'i gŵr, y Cyrnol John Owen

wenithfaen cochlyd Peterhead yn hytrach na llechfaen eilradd chwarel Rosebush, gerllaw un o'r llynnoedd gwneud ac mewn man lle y gallai teithwyr ar orsaf Rosebush ei gweld. Arni ceir y deyrnged ganlynol:

> Erected by public subscription to the memory of Edward Cropper Esqʳ The Hon. Mʳˢ Owen and J. B. Macaulay Esqʳ who by their individual efforts conferred lasting benefits on these districts by constructing at their own expence [*sic*] this railway from Clynderwen to Rosebush in 1872–1876.

'[T]his railway', sylwer, gan na fu chwarel Rosebush o unrhyw fudd parhaol i'r ardal.

Ond yn ôl yr awdur Hefin Wyn, bu'r Sais, Edward Cropper, hefyd yn gyfrifol am un anghymwynas nad hawdd ei maddau. Ceir yr hanes yn un o'r '10 darn amrywiol ... ar ffurf dyddiadur gwledig addas i gyfres mewn papur bro', sef dyddiadur arobryn Hefin Wyn a gyhoeddwyd yn *Cyfansoddiadau a Beirniadaethau Eisteddfod Genedlaethol Cymru Maldwyn a'r Gororau 2015*. Yn ei ddyddiadur mynnai 'mai llygriad yw'r enw cyfarwydd [Rosebush] o'r hen enw [Rhos-y-bwlch neu 'Rhos-y-berth', yn ôl yr actor Dafydd Hywel, a fu'n un o drigolion Y Stryd, Rosebush, am gyfnod]' ac o'r herwydd nid yw'n haeddu ei le ar arwyddion a mynegbyst y fro, nac ychwaith ar dudalennau *Clebran*, papur bro'r Preseli. Eto i gyd, dywed E. Llwyd Williams yn ei gyfrol *Crwydro Sir Benfro: Yr Ail Ran* na chlywodd ef erioed enw Cymraeg ar Rosebush. Ar ben hynny, nid yw'r enw Rhos-y-bwlch yn ymddangos

Y gofeb ar bwys hen orsaf reilffordd Rosebush

ar unrhyw un o fapiau manwl cynharaf yr Arolwg Ordnans o'r ardal, a gyhoeddwyd yn 1889, nac ychwaith yn yr atodiad i fap degwm Maenclochog (1841). Serch hynny, myn Alan Llwyd, awdur *Waldo: Cofiant Waldo Williams: 1904–1971*, fod yr enw yn ymddangos ar dystysgrif briodas Waldo, dyddiedig 14 Ebrill 1941: 'Nodir ar y dystysgrif mai cyfeiriad Waldo adeg ei briodas oedd y Precelly Hotel, Rhos-y-bwlch, ger Maenclochog.' Ond yn groes i'r hyn a ddywed, 'Precelly Hotel Maenclochog' yn unig a gofnodwyd ar y dystysgrif. Ni cheir unrhyw gyfeiriad at 'Rhos-y-bwlch'.

Bid a fo am hynny, dyma sut y mae Hefin Wyn yn esbonio'r llygriad honedig. Gan mai '*entrepreneur* o Gaint' oedd Edward Cropper, 'Ni fedrai ynganu'r enw [gwreiddiol] ac ni chredai y byddai'n fodd o ddenu ei debyg i anadlu awyr iach y brynie'. Ond y gwir amdani yw nad y dyn dŵad o Loegr nac unrhyw un o'i gyfeillion di-Gymraeg a fathodd yr enw Saesneg sy'n gymaint dolur i lygad a chlyw Hefin Wyn ac ambell unigolyn arall. Roedd yr enw Rosebush ar dafod leferydd brodorion uniaith Gymraeg y fro o leiaf wyth mlynedd ar hugain cyn i'r hynafgwr o Gaint brynu chwarel Rosebush yn 1869.

Yng nghyfrifiad 1841 cofnodwyd presenoldeb dau fwthyn – diflanedig bellach – a safai ar fin y llwybr wrth droed y llechwedd glaswelltog a ddeuai ymhen amser yn safle chwarel Rosebush. Enw'r naill fwthyn oedd Rosebush, cartref Thomas Rees, 'slater', a'i wraig Ann, a'r ddau blentyn, Margaret a William, yntau'n 'slater'. Enw'r llall oedd Rhosbwsh (felly y mae'r Cymry Cymraeg yn ynganu'r enw Saesneg), trigfan Lettice Davies a'i dau blentyn dan dair oed, yn ogystal â thri phlentyn arall dan bymtheg oed, annedd nad oedd yn bod yn 1851 a barnu yn ôl cyfrifiad y flwyddyn honno. Erbyn y 1860au cynnar cawsai'r cwmni a sefydlwyd i ddatblygu chwarel lechi ar y llethrau fry uwchlaw bwthyn Rosebush (annedd a gofnodwyd am yr olaf dro yng nghyfrifiad 1861) ei enwi, yn briodol ddigon, yn Rosebush Slate Company. Glynodd Edward Cropper wrth yr un enw, sef Rosebush Quarry, wedi iddo yntau brynu'r chwarel. Ac ar ôl i'w reilffordd gyrraedd safle'r gloddfa yn 1876, yr enw a ddewiswyd ar gyfer yr orsaf oedd Rosebush. Dyna hefyd enw'r gymuned na ddatblygodd i fod yn wir bentref chwarelyddol yn sgil dyfodiad y lein a datblygiad y chwarel. Yn sicr ddigon, nid oes a wnelo'r enw Rhos-y-bwlch – y lle hwnnw nad oes na chofnod na chof dibynadwy ohono – ddim oll ag enw'r pentref.

O ran tarddiad yr enw Rosebush, mae'r rhosyn gwyllt (*Rosa canina*), gyda'i flodau pinc, hardd, yn llwyn digon cyffredin yng ngwrychoedd a phrysglwyni'r ardal. Wrth droed llechweddau gogleddol Foel Drygarn, fel mewn mannau eraill, meddai D. Tyssil Evans, awdur *Cofiant y Parch. Caleb Morris*, 'croesawid y gwanwyn yn ei newydd-deb swynol, a'r haf yn ei gyflawnder prydferth. Gwelid y blodau yn ymagor, y briallu a'r meillion, llygaid y dydd a'r rhosynau [*sic*] gwylltion [sylwer]'. Ac mae'r un mor bosibl yr arferai rhosynnau gwylltion dyfu gerllaw'r ddau fwthyn – Rosebush a Rhosbwsh – y cofnodwyd eu henwau yng nghyfrifiad 1841.

Myth arall a gysylltir â'r pentref yw hwnnw sy'n honni mai llechi o chwarel Rosebush 'sydd ar ben yr "Houses of Parliament" yn Llundain heddiw', chwedl Titus Lewis, cyn-brifathro ysgol Maenclochog, mewn erthygl a ymddangosodd yn y *Cardigan & Tivyside Advertiser* ym mis Tachwedd 1938. Fodd bynnag, roedd y gwaith o godi'r adeilad newydd, ar ôl i dân trychinebus ddistrywio'r palas gwreiddiol yn 1834, wedi'i gwblhau i raddau helaeth erbyn 1870, gwta flwyddyn wedi i Edward Cropper brynu'r chwarel, a gynhyrchai slabiau yn bennaf, a chwe blynedd cyn agoriad Rheilffordd Maenclochog i drenau nwyddau. Yn wir, nid llechi a osodwyd ar do'r palas ar ei newydd wedd ond teils haearn bwrw mawr. Go brin, felly, y gellir rhoi unrhyw goel ychwaith ar y gred ymhlith rhai mai o chwarel y Gilfach, Llangolman, yn hytrach na Rosebush, y daethai rhai o lechi toi Palas Westminster. Serch hynny, teg nodi bod C. E. Burt *et al.*, sef y daearegwyr a luniodd *Geology of the Fishguard district*, y llawlyfr a gyhoeddwyd gan Arolwg Daearegol Prydain yn 2012 i gyd-fynd â'r map daearegol o'r un ardal, yn bendant o'r farn fod 'Slates from Waun Isaf [sef chwarel Tyrch, Mynachlog-ddu] were used in the Houses of Parliament' ond, os gwir yr hanes, ni ddatgelir pa ddefnydd a wnaed ohonynt.

### Chwarel Tyrch, Mynachlog-ddu

O'i chymharu â chwareli'r Glog, Rosebush a Bellstone, bach iawn oedd chwarel Tyrch Isaf ar lechweddau dwyreiniol dyffryn afon Cleddau Ddu, tua chilometr i'r de o Fynachlog-ddu, a llai fyth oedd chwarel Tyrch Uchaf, ar uchder o oddeutu 300 metr ar lethrau deheuol Foel Dyrch. Ac os mai byrhoedledd a nodweddai chwareli Craig y Cwm, Bellstone a Rosebush, ynghyd â'r Glog i raddau llai, pennaf nodwedd chwarel Tyrch Isaf, o leiaf, oedd ei hirhoedledd, gan na ddaeth y gwaith, a fu'n segur am gyfnodau hir, i ben tan ddiwedd y 1930au.

Agorwyd y ddwy chwarel – yr Isaf a'r Uchaf – yn ystod chwarter olaf y ddeunawfed ganrif ond prin iawn yw eu hanes hyd nes y sefydlwyd y Turke Quarries Slate & Slab Co., cwmni a ffurfiwyd yn y 1860au cynnar. Gan nad oedd mwy na naw o wŷr yn gweithio naill ai fel 'chwarelwyr' neu 'slaters' yn holl chwareli llechi plwyfi Maenclochog, Llandeilo, Llangolman, Llandysilio, Llan-y-cefn a Mynachlog-ddu adeg cynnal cyfrifiad 1861, mae'n amlwg na chawsai 'dros gant o ddynion', fel y mynnai rhai o henoed yr ardal yn y 1960au, erioed eu cyflogi gan y cwmni a gafodd ei ddirwyn i ben yn 1868. Er bod y ddwy chwarel yn segur i raddau helaeth yn ystod dirwasgiad y 1870au, o'r chwarel isaf, yn ôl pob tebyg, y cafwyd y llechfeini a ddefnyddiwyd i godi capel Bethel, Mynachlog-ddu (ac eithrio'r ffasâd) yn 1875–7 ac i lunio rhai o gerrig beddau'r fynwent, gan gynnwys beddfaen Thomas Rees (Twm Carnabwth; c.1806–76), a fu farw cyn y cwblhawyd y gwaith o adeiladu'r addoldy. Twm Carnabwth oedd arweinydd ymosodiad cyntaf Merched Beca, a hynny ar dollborth yr Efail-wen ar 13 Mai 1839.

Dilewyrch oedd chwarel Tyrch hyd nes y sefydlwyd y Tyrch Silver Grey Slate Co. yn 1899. Am ychydig flynyddoedd, cyflogai'r cwmni hyd at 30 o ddynion yn y chwarel isaf yn bennaf, ond daeth y gwaith hwnnw i ben yn 1908. Flwyddyn yn ddiweddarach, ailagorwyd y chwarel isaf gan ŵr o'r enw H. L. Lewis, o Landysilio, ond rhoddodd yntau'r gorau iddi yn 1911.

ER COF AM

THOMAS REES
TRIAL OR PLWYF HWN
BU FARW MEDI 17, 1876.
YN 70 OED.
"TWM CARNABWTH."

Nid oes neb ond Duw yn gwybod
Beth a ddigwydd mewn diwrnod
Wrth gyrchu bresych at fy nginio
Daeth angau i fy ngadd i'm taro.

Carreg fedd Twm Carnabwth

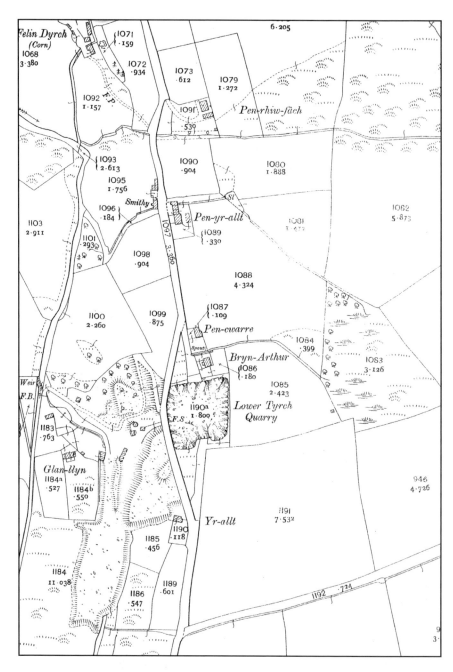

Chwarel Tyrch Isaf, Mynachlog-ddu

(Map Arolwg Ordnans 1:2,500, tirfesurwyd 1889–90
trwy garedigrwydd Llyfrgell Genedlaethol Cymru)

Yn 1920, wedi cyfnod hir o segurdod, ailagorwyd y chwarel isaf gan Peter Forbes Campbell, a oedd yn frodor o Fanceinion. Rhod ddŵr yr hen felin ŷd a safai ar orlifdir yr afon a arferai droi'r peiriannau a ddefnyddid i drin y llechfaen, ond nid mwyach. Disodlwyd yr olwyn ddŵr gan injans olew a diesel, a'r rheiny bellach a fyddai'n gyrru'r llifiau a dorrai'r clytiau o lechfaen 'Silver Grey', 'Mottled Grey', 'Green' a 'Rustic' yn slabiau, neu'n flociau cymen yn barod i'w hollti'n llechi toi. Yn ogystal â gwerthu 'randoms', sef slâts amrywiol eu maint, cynhyrchid llechi toi o feintiau penodol. Roedd i'r gorau ohonynt drwch o chwarter modfedd (6mm), sef llechi a fyddai wedi cael eu cyfrif yn gynnyrch eilradd a thrydedd radd yn chwareli gogledd-orllewin Cymru. Hanner modfedd (12mm) oedd trwch llechi toi trydedd radd Tyrch!

Yn ystod y 1920au, y cyfnod prysuraf yn holl hanes y chwarel, câi hyd at 40 o ddynion eu cyflogi, gan gynhyrchu oddeutu 400 tunnell o lechi y flwyddyn. Erbyn canol y 1930au, fodd bynnag, ni lwyddai'r gweithlu o 20 i gynhyrchu mwy na 200 tunnell y flwyddyn. Eto i gyd, diolch i ymgyrchoedd marchnata llwyddiannus y perchennog, cafodd llechi toi Tyrch eu defnyddio i ddiddosi toeau ambell adeilad nodedig. Yn 1938, flwyddyn cyn i'r chwarel gau, llechi llwydwyrdd Tyrch a ddewiswyd i'w rhoi ar do Neuadd y Sir, Caerfyrddin, adeilad na chafodd ei gwblhau tan 1956. At hynny, yn dilyn y difrod sylweddol a wnaed i Eglwys Gadeiriol Llandaf ym mis Ionawr 1941, pan ffrwydrodd bom y tu allan i'r eil ddeheuol, daeth hi'n amlwg mai o chwarel fach Tyrch y daethai'r llechi toi brychlwyd (Mottled Grey), yn ôl pob tebyg, a hynny o bosibl yn ystod y 1920au neu'r '30au cynnar.

# I'n cenedl,
# tir ei chwedlau

*Y Twrch Trwyth ac Arthur a'i feibion*

'Y mae'r hen chwedlau,' meddai E. Llwyd Williams, awdur *Crwydro Sir Benfro: Yr Ail Ran*, 'ar sodlau ei gilydd ar lethrau Presely a'r oesoedd wedi'u plethu'n un cawdel o reffyn. A dyna'n hetifeddiaeth ni yn y profiad o fyw o dan gysgod y bryniau hen.' Gyda'r hynaf o'r chwedlau hynny y mae 'Culhwch ac Olwen' yn y Mabinogion. Yn y chwedl Arthuraidd honno, cofnodir ymdrech arwrol Culhwch i hela'r Twrch Trwyth – y baedd gwyllt a adawodd lwybr o ddinistr ar ei ôl mewn rhuthr drwy Iwerddon, Cymru, Lloegr a Chernyw – gyda chymorth gwŷr gosgordd y Brenin Arthur. Bu hanes yr antur yn ysbrydoliaeth i Tomi Evans, y chwarelwr a'r gwerinwr diwylliedig o Degryn na chafodd yr un awr o addysg ffurfiol y tu hwnt i'r ysgol fach elfennol yn y pentref, i lunio ei awdl orchestol, 'Y Twrch Trwyth', a enillodd iddo Gadair Eisteddfod Genedlaethol Rhydaman 1970. O fwthyn Blaenffynnon lle y'i ganed, a lle bu'n byw ar hyd ei oes, roedd Foel Dyrch a Chrug-yr-hwch o fewn golwg, dau o gopaon y Preselau ac iddynt enwau a'i hatgoffai'n feunyddiol am y brwydro a fu yng Nghwm Cerwyn a than drem Cerrig Marchogion wedi i'r bwystfil a gyrchid roi troed ar ddaear Cymru:

A daeth y Twrch Trwyth a'i dorllwyth i dir
Ym Mhorth Cleis, a bwrw i dreisio
Yn Nyfed, ddyn ac anifail.

Ar ôl i'r Twrch Trwyth '[l]add pob dyn ac anifail a oedd yn Naugleddyf':

Yna'r bwystfil a giliodd
I aros ei elyn ym Mynydd Preseleu,
Yntau'r brenin a droes tua'r bryniau
Â'i arfog leng rif y gwlith.

Foel Dyrch

Y Twrch Trwyth

Â gwŷr a chŵn yn yr ymgyrch yno,
Yno hefyd ar ddwylan Nyfer
Rhoes Arthur oreugwyr i'w ragod.

Ond trodd a chiliodd y Twrch eilwaith
O Lyn Nyfer i Gwm Cerwyn,
O'i afael, ac yno sefyll.

Ac ar y foel bu ddig y rhyfela,
Os clwyfwyd yr ysglyfaeth,
Gadawodd o'i ôl warged ddu.

Yng Nghwm Cerwyn, yn ôl y chwedl,

fe laddodd ef bedwar rhyfelwr i Arthur, Gwarthegydd fab Caw a
Tharawg Allt Clwyd a Rheiddwn fab Eli Adfer ac Isgofan Hael.
Ac wedi lladd y gwŷr hynny ... fe laddodd Gwydre fab Arthur a
Garselid Wyddel a Glew fab Yscawd ac Isgawyn fab Banon.

Carn Arthur

Coffáu'r gyflafan, yn ôl traddodiad, y mae Cerrig Meibion Arthur, y ddau faen hir a saif ar y gweundir rhwng Foel Cwmcerwyn a Thalfynydd. Goroesodd y brenin y frwydr, er bod un o'i orweddfannau honedig, Bedd Arthur, i'w weld ychydig islaw Carn Bica. Yr ochr draw i Dalfynydd saif Carn Arthur ac iddi amlinell, yn ôl rhai, sy'n ymdebygu i gorff a phen y Twrch Trwyth. Gorwedd ar gopa'r garn y mae Carreg Arthur, maen a daflwyd yno ryw ddydd gan y brenin ei hun. Ac onid coffáu un o gampau eraill y brenin y mae Carreg Coetan Arthur, y gromlech a saif ar gyrion Trefdraeth?

### Rhianedd Crugiau Dwy

Hanes athrist sydd i'r ddwy garnedd ar gopa Crugiau Dwy (359m). Yn ôl y chwedl, penderfynodd y ddwy riain, a oedd mewn cariad â'r un gŵr ifanc, gyrchu copa'r bryn ac yno ymladd i'r pen drwy luchio cerrig at ei gilydd, a hynny yng ngŵydd y llanc a gymerodd arno swyddogaeth y dyfarnwr. Ysywaeth, bu farw'r ddwy ymladdwraig gan adael y llanc galarus i gasglu ynghyd y meini yr oedd y ddwy riain wedi'u defnyddio fel arfau a'u pentyrru ar feddau'r naill gorff a'r llall.

### Ymladdfa Meibion Owen

Coffáu brwydr waedlyd, ond nid angheuol, y mae Carnedd (neu Gernydd) Meibion Owen hefyd. Cofnodwyd yr hanes yn llawn yn *Meini Nadd a Mynyddoedd*, yr arweinlyfr llenyddol penigamp hwnnw a luniwyd gan y Prifardd Eirwyn George:

Roedd Owen ap Robert ap [sic] Einion Fawr o Goed Cil-rhydd, Pentre Ifan, a drigai ym mlynyddoedd cynnar y bedwaredd ganrif ar ddeg, yn berchen tiriogaeth eang o gwmpas ardaloedd Nanhyfer, Pentre Ifan a Brynberian. Ganed iddo dri mab. Yr arfer yng Nghymru ers talwm oedd rhannu'r stad yn gyfartal rhwng y meibion wedi marw'r tad. Nid oedd meibion Owen yn fodlon o gwbl ar y drefn hon. Gwell ganddynt hwy oedd gweld un ohonynt yn etifeddu'r diriogaeth gyfan iddo'i hun. Er mwyn datrys y broblem penderfynasant fynd i ymladd â'i gilydd i weld pa un ohonynt oedd y trechaf a gadael i hwnnw hawlio'r dreftadaeth yn ei chrynswth wedi dyddiau'r tad. Ciliasant i'r llecyn a elwir heddiw yn Gernydd Meibion Owen ar gyfer yr ornest fawr ... Aethant ati i dynnu coed derw ifanc o'u gwreiddiau yng nghoedwig gyfagos Tycanol a'u defnyddio fel arfau i guro ei gilydd yn ddidrugaredd. Ond ar ddiwedd y dydd, wedi brwydr ffyrnig a digyfaddawd,

Cernydd Meibion Owen

ni chafodd yr un ohonynt yr afael drechaf ar y llall. Ar ôl iddynt gyrraedd adref yn waed a briwiau o'u pen i'w traed fe gafodd y fam y fath ddychryn o'u gweld nes iddi lewygu yn y fan a'r lle. Yn ddiweddarach, fe gafodd berswâd ar ei gŵr i roi'r dreftadaeth gyfan i un ohonynt er mwyn osgoi ymladdfa arall. Ac felly y bu. Dewisodd Owen y mab hynaf yn etifedd iddo. Ond i wneud iawn am y ddau arall rhoddodd un ohonynt i wasanaethu yn llys Brenin yr Alban a'r llall i wasanaethu yn llys Brenin Lloegr. Daeth anghydfod y teulu i ben ac nid oes dim yn aros bellach ond y creigiau ysgithrog i'n hatgoffa am greulondeb y chwedl.

*Anghenfil dŵr Brynberian*

'Slawer dydd roedd y pwll o ddŵr dwfn heb fod yn bell o bont Brynberian yn gartref i anghenfil dŵr a godai ofn ar drigolion y fro yn ogystal â lladd eu defaid. Ymhen hir a hwyr, penderfynodd gwŷr dewraf yr ardal y byddai'n rhaid iddynt ladd y creadur ysglyfaethus. Ond cyn y gellid ei ddifa, byddai'n rhaid darbwyllo'r anghenfil i ymadael â'r pwll. Gwyddai un o hynafgwyr doethaf y pentref fod angenfilod dŵr yn gwirioni ar forwynion tlws ac, felly, cafwyd perswâd ar un ferch dlos a hynod ddewr i sefyll nid nepell o lan yr afon, ar ôl i'r dynion osod maglau cryfion ar wyneb y tir rhyngddi hi a'r pwll. Trefnwyd bod y maglau, a oedd ar ffurf cadwyni haearn, yn sownd wrth harneisiau dau geffyl gwedd.

Bellach, roedd popeth yn ei le. A hithau'n nosi, dyma'r anghenfil yn camu o'r dŵr gan araf ymlusgo i gyfeiriad y ferch. Yna, wrth i'r forwyn fach ffoi am ei bywyd, rhoes un o'r dynion orchymyn i'r ddau geffyl ddilyn ei chamre, symudiad a achosodd i'r maglau dynhau o amgylch coesau'r anghenfil. Ar ôl ei lusgo ymhellach ac ymhellach o lan yr afon, ymosodwyd arno yn ffyrnig iawn gan y gwŷr a oedd wedi eu harfogi eu hunain â bwyeill, pladuriau a chrymanau. Ymhen dim o dro, gorweddai'r anghenfil yn farw gelain ar ddôl afon Brynberian.

Fore trannoeth, ymgasglodd y pentrefwyr o amgylch corff yr afanc, fel y gelwid angenfilod dŵr 'slawer dydd, a chyda chymorth y ddau geffyl gwedd fe'i llusgwyd cyn belled â'r gweundir cyfagos. Ac yna fe'i claddwyd gan osod ar ei ben nid yn unig gymysgedd o gerrig a thywyrch, ond hefyd feini mwy sylweddol eu maint y cafwyd hyd iddynt ar y llechweddau islaw Carnau Lladron. Byth oddi ar y diwrnod hwnnw adwaenir y safle fel Bedd yr Afanc.

## Morris: y lleidr pen-ffordd neu'r llanc claf o gariad?

Diweddglo anghynnes sydd i bob un o'r tair chwedl annymunol o arswydus sy'n ymwneud â Bedd Morris. Saif y maen hir ar begwn uchaf yr heol wledig rhwng Trefdraeth a Phont-faen, sy'n croesi ucheldir digysgod Mynydd Carn Ingli–Mynydd Dinas. Yn ôl un stori, lleidr pen-ffordd oedd Morris a drigai mewn ogof rywle yng nghyffiniau copa creigiog Carn Ingli. Enillai ei fywoliaeth drwy ymosod ar unrhyw deithiwr neu ddeithwraig a dramwyai'r ffordd unig gefn nos neu liw dydd. Ond ymhen hir a hwyr, penderfynodd rhai o drigolion yr ardal dalu'r pwyth drwy gyrchu ogof y lleidr a rannai gyda'i gi bach gwyn. Daliwyd Morris a lladdwyd y ci bach diniwed, ei unig gyfaill, drwy dorri ei wddf â chyllell. Yna, fe grogwyd y dihiryn diegwyddor ar grocbren a safai ar ymyl yr heol. Gweithred ddialgar olaf y criw a fynnai lygad am lygad a dant am ddant oedd codi carreg dan gysgod y crocbren a chorff yr ymadawedig a siglai

Bedd yr Afanc

yn ôl ac ymlaen yn y gwynt, maen 'i atgoffa'r cenedlaethau a ddêl', ys dywedodd Eirwyn George, 'nad oedd gweithredu fel lleidr pen-ffordd yn talu i neb!'

Myn eraill nad lleidr pen-ffordd oedd Morris ond gŵr o Drefdraeth a enillai ei damaid drwy ladrata defaid a borai ar y mynydd. Un noson dywyll, wedi iddo lwyddo i gipio dafad drymach na'i gilydd, ni chafodd yr hwyl arferol wrth glymu'r cortyn a ddefnyddiai bob amser i gludo ei ysbail ar ei gefn ac i'w gartref yn y pentref glan môr. Dan bwysau'r ddafad drom ar ei gefn, llithrodd y cortyn o'i afael. Ofer fu pob ymdrech ar ei ran i atal y cortyn rhag tynhau'n dynn am ei wddf, ac o ganlyniad fe'i llindagwyd a bu farw lle y saif Bedd Morris heddiw.

Y dristaf o ddigon o'r tair chwedl yn ymwneud â Bedd Morris yw honno am y llanc o'r enw Morris a drigai yn Tidrath, chwedl trigolion Trefdraeth, 'slawer dydd. Gorau cariad, cariad cyntaf: ac felly y bu yn hanes y llanc a'r eneth ifanc o'r Bont-faen. Roedd eu bryd ar briodi ond nid oedd tad cefnog y ferch o blaid yr uniad. Mynnai fod ei ferch yn priodi gŵr ifanc o dras, yn hytrach na gwerinwr tlawd. Yn ddiarwybod i'r tad a'i ferch, penderfynodd Morris groesi cleddyfau â'i wrthwynebydd gan lwyr gredu y gallai ei drechu. Ond, ysywaeth, nid felly y bu. Lladdwyd Morris, druan, ac ymhen dim o dro bu farw ei gariad o dor calon. Erys y maen hir, beddfaen Morris, yn dyst i'r hanes athrist.

Serch hynny, nid enw Morris a geir ar y garreg ond y llythrennau TDLL, arysgrifen a osodwyd ar y maen tua 1850 gan Syr Thomas Davies Lloyd, Arglwydd barwniaeth Cemais. Dynoda'r maen y ffin rhwng plwyf Trefdraeth a phlwyf Llanychlwydog a bob mis Awst mae'n destun defod hynafol arbennig. Dan arweiniad maer Trefdraeth mae rhai o'r plwyfolion a'u plant yn cerdded rhan o ffiniau'r plwyf (arferid cerdded y ffin i gyd, 'slawer dydd) a'u curo er mwyn cadarnhau eu bodolaeth. Ac ar bwys Bedd Morris caiff y bechyn ifanc hefyd eu curo (yn ysgafn iawn) yn y gobaith y bydd y goten a gânt yn fodd iddynt gadw mewn cof hyd ddiwedd eu hoes union leoliad terfynau eu genedigol blwyf.

*Brynach Sant a Charn Ingli*

Chwedl ddyrchafol yw honno am Frynach Sant a'i ymwneud â Charn Ingli, y copa creigiog y tybir iddo gael ei enwi ar ôl cawr o'r un enw, yn ôl yr hanesydd, George Owen. Arall yw barn yr hynafiaethydd, Richard Fenton. Yng nghyffiniau'r copa trawiadol hwnnw, meddai, y treuliai Brynach, un o gyfoedion Dewi Sant, ei fywyd meudwyaidd ac yno, yn ôl yr hanes, yr arferai angylion ymweld ag ef, gan weini ar ei anghenion ysbrydol. O ganlyniad, enwyd y lle yn 'Mons Angelorum', sef Carn Engylion neu Garn Englyn, fel y'i hadwaenid ar lafar gwlad, yn ôl a ddywed Fenton. Rhoddai ymweliadau mynych Brynach â'r garn nid yn unig gyfle i'r sant gymuno â'r angylion ond hefyd i fwrw golwg gwarcheidiol dros y gymuned fynachaidd a sefydlwyd ganddo ar ddolydd afon Nyfer. Yn ôl traddodiad, codwyd Eglwys Brynach Sant, y mae ei rhannau hynaf yn dyddio o'r bedwaredd ganrif ar ddeg, ar seiliau eglwys a adeiladwyd yn y chweched ganrif, yn ystod oes y sant.

Ym mynwent yr eglwys bresennol hefyd y saif Croes Brynach, croes gerfiedig ysblennydd ac arni blethwaith cymhleth a gerfiwyd yn ystod yr unfed ganrif ar ddeg. Cyfeiriodd W. J. Gruffydd (Elerydd) ati yn ei gerdd

Croes Brynach, Eglwys Brynach Sant, Nanhyfer

'Nanhyfer', sy'n tynnu sylw yn briodol ddigon at y chwedl yn ymwneud â dygwyl Brynach Sant, sef y diwrnod ym mis Ebrill pryd y disgwylir i'r gog ganu ei deunod ailadroddus ar ei phen:

> Tair troedfedd ar ddeg o groes Geltaidd
> Yn dal a gosgeiddig o dan haul a lleuad.
> Ar y seithfed o Ebrill dôi'r gog i ganu ar ei phen.
> Mae'r ysgrifen gyfrin ar ei bron
> A'r cylch tragwyddol o gwmpas y groes.
> Bu addolwyr defosiynol yn penlinio o'i blaen
> Cyn dychwelyd am byth i'r pridd a'r llwch.

### Y wiber a ffynnon Brynach Sant

Yng nghyfnod Harri I, yn ôl Gerallt Gymro, breuddwydiodd dyn goludog, trachwantus, a drigai ar lethrau gogleddol y Preselau, yr un freuddwyd dair noson o'r bron. Pe bai'n gwthio ei law dan y maen mawr a orweddai ar ben ffynnon iachusol, fyrlymus Brynach Sant, deallai y deuai o hyd i dorch aur hynod werthfawr. Felly, ar y trydydd dydd, penderfynodd weithredu yn unol â chyfarwyddiadau ei freuddwyd. Rhoes ei law dan y maen ond yna cafodd ei frathu gan wiber, y sarff wenwynllyd a lechai yno, a bu farw. A moeswers y chwedl? 'Mae'n ymddangos i mi,' meddai Gerallt Gymro, wedi iddo adrodd yr hanes, 'fod breuddwydion yn debyg i sibrydion: mae'n rhaid i chi ddefnyddio synnwyr cyffredin, gan dderbyn rhai ond gwrthod eraill.'

### Dynon Bach Teg y Frenni Fawr

Yng nghyd-destun y Preselau, dim ond ar y Frenni Fawr, yn ôl y sôn ar lafar gwlad, y deuir ar draws ambell ôl yn awr ac yn y man o fodolaeth y Tylwyth Teg, neu'r Dynon Bach Teg fel y'u gelwir gan rai o drigolion yr ardal. Mae'n debyg mai gorchwyl beunyddiol un o fugeiliaid ifanc iawn yr ardal yn ystod misoedd yr haf oedd gwarchod defaid ei dad wrth iddynt bori llechweddau'r bryn. Un diwrnod hirfelyn tesog bu'r crwt yn

Y Frenni Fawr

dyst i olygfa nad oedd wedi'i gweld erioed o'r blaen. Yng nghanol cylch o
borfa lasach nag arfer dawnsiai criw o'r Dynon Bach Teg y clywsai ei fam
a'i dad yn sôn amdanynt, rywdro neu'i gilydd. Er i'w rieni ei rybuddio
i beidio â chamu i mewn i'r fath gylch, dyna a wnaeth wedi iddo gael
ei ddenu gan y gerddoriaeth hudolus a godai o ganol cylch y Tylwyth
Teg. Ymhen amrantiad cafodd ei hunan mewn plasty ysblennydd. Oddi
amgylch iddo roedd gardd yn llawn blodau lliwgar a phersawrus ac, yn ei
chanol, safai ffynnon y llifai ohoni ddŵr gloyw loyw. Câi'r bachgen ifanc
wneud fel y mynnai yn yr ardd, ond fe'i siarsiwyd i beidio ag yfed dŵr
y ffynnon. Ryw ddydd, fodd bynnag, roedd ei syched yn drech nag ef
ac yfodd lymaid o'r dŵr oer. Ar unwaith, fe ddiflannodd popeth o fewn
ei olwg ac yn ei ddryswch fe gaeodd ei lygaid. Pan ailagorodd ei lygaid,
cafodd y bugail ei hunan yn ôl yng nghanol defaid ei dad ar lechweddau'r
Frenni Fawr. Doedd dim sôn am y Dynon Bach Teg ac eithrio olion cylch
ac oddi mewn iddo laswellt wedi'i wastatáu.

Wrth i'r hanesydd a'r hynafiaethydd, Richard Fenton, gerdded i lawr o ben y Frenni Fawr yng nghwmni rhai o drigolion yr ardal, wedi iddynt archwilio cynnwys y crugiau ar gopa'r bryn, mynnodd y *peasants*, chwedl yntau, dynnu ei sylw at fan lle y credent y gorweddai yn nyfnder daear gist blwm yn llawn aur. Fodd bynnag, ofer fu'r holl ymdrechion i gael gafael ar y gist, oherwydd bob tro y rhoddid cynnig arni taerai'r brodorion fod rhyw ddrychiolaeth enfawr yn codi o'r ddaear, gan ddrysu eu cynlluniau mentrus. Er i Fenton wfftio'r chwedl, credai y gallai'r gist blwm fod yn gyfeiriad anuniongyrchol at fwynglawdd plwm gwerthfawr a oedd yn guddiedig ym mherfeddion y ddaear, gwaith mwyn a fyddai, o'i ganfod a'i weithio, yn esgor ar aur. Diau mai mwynglawdd tebyg i waith mwyn cyfagos Llanfyrnach y meddyliai'r hynafiaethydd amdano, menter a fu yn lled lwyddiannus am gyfnodau byr yn unig yn ystod ail hanner y ddeunawfed ganrif ond a oedd yn segur ar achlysur ei ymweliad ef â'r safle adeg llunio ei gyfrol *A Historical Tour through Pembrokeshire*, a gyhoeddwyd yn 1810.

## Drychiolaeth chwarel y Glog

Nid nepell o'r Frenni Fawr safai chwarel lechi'r Glog, gwaith a oedd yn hen gyfarwydd i Tomos gan fod ei gartref o fewn clyw sŵn cwymp y creigiau a ddisgynnai oddi ar wynebau'r clogwyn o bryd i'w gilydd. Nid y sŵn a'i blinai ond y sgrech arswydlon a glywodd y diwrnod ofnadwy hwnnw pan ddymchwelodd rhan o'r clogwyn ar ben un o'r chwarelwyr. Arhosodd y digwyddiad yn fyw yn ei gof, oherwydd roedd ef a'i dad, ynghyd â rhai o'u cymdogion, wedi rhedeg draw i'r chwarel yn y gobaith y byddai modd achub y gŵr, druan. Ond roeddent yn rhy hwyr a byth oddi ar hynny deuai Tomos yn fwyfwy ymwybodol o bresenoldeb yr ymadawedig bob tro y cerddai heibio i'r gloddfa fawr.

Yna, un noson olau leuad gefn trymedd gaeaf, ac yntau'n crwydro heibio i'r chwarel ar gefn merlyn mynydd ei dad, fe welai o gornel ei lygad rywbeth gwyn yn araf symud ar hyd pen uchaf y clogwyn. Roedd wedi dychryn am ei fywyd. Plannodd sawdl ei glocsen i mewn i ystlys y merlyn, a ymatebodd drwy gyflymu ei gam. Erbyn i Tomos gyrraedd ei gartref, ni allai yngan yr un gair, a hyd yn oed yng ngolau egwan y canhwyllau ar ford y gegin gallai ei fam weld bod wyneb ei mab yn wyn fel y galchen. Wedi iddo ddod ato'i hun, cafodd ei rieni a'i ddau frawd hŷn glywed yr hanes ganddo, ond chwerthin am ei ben oedd ymateb ei frodyr.

Drannoeth y digwyddiad, dyma'r ddau frawd yn herio Tomos i ddychwelyd i'r chwarel yn eu cwmni. A dyna a ddigwyddodd. Wrth iddynt nesáu at y fan lle y gwelodd Tomos y ddrychiolaeth, arafodd y tri ohonynt eu cam. Yna, yn ddisymwth, fe'i gwelsant. Roedd y ddrychiolaeth yn yr un fan ag o'r blaen. Unwaith yn rhagor symudai'n araf ar hyd pen uchaf wyneb y chwarel, ond nid cyn ymrannu'n dri y tro hwn ac yna ymdoddi'n un drachefn. Cafodd y tri fraw ofnadwy, yn enwedig pan glywsant sŵn annaearol yn diasbedain drwy'r awyr. Ffodd y tri brawd am eu bywydau, gan lwyr gredu fod Cŵn Annwn ar eu holau.

Fore trannoeth cafodd y brodyr ar ddeall fod tair o wyddau gwynion un o'u cymdogion wedi dychwelyd adref ar ôl bod ar goll am ychydig ddiwrnodau. Roedd y ddau frawd hŷn yn barod i gredu mai'r gwyddau diniwed a'u brawychodd, ond cadw draw o'r chwarel a wnaeth Tomos … rhag ofn.

*Trysor Cwm Cerwyn*

Yn wahanol i werinwyr tlawd cylch y Frenni Fawr, arferai trigolion Cwm Cerwyn fod yn hynod gyfoethog, amser maith yn ôl. Er hynny, roeddent yn trigo mewn ofn oherwydd yr oedd pob un ohonynt yn gwbl argyhoeddedig fod eu cymdogion yn genfigennus ohonynt ac y byddai rhywun ryw ddydd yn ymosod arnynt ac yn dwyn yr holl drysorau gwerthfawr a oedd yn eu meddiant. Felly, trefnwyd cyfarfod er mwyn trafod beth y gellid ei wneud i ddiogelu eu cyfoeth. Penderfynwyd ei gladdu gefn nos gaeaf pan na fyddai'r un enaid byw arall o gwmpas. Gosodwyd eu darnau aur, eu tlysau arian a'u gemau prin mewn cerwyn fawr. Yna, un noson ddileuad, oer, fe'i llusgwyd i ganol y corstir ar lawr y cwm lle yr aeth y dynion ati fel lladd nadroedd i'w chladdu mewn pwll dwfn yn y tir mawnaidd.

Llawr corsiog Cwm Cerwyn

Ymhen misoedd lawer, pan oedd angen peth o'r arian arnynt, aed ati i chwilio am y gerwyn ond ni fedrai neb gofio lle yn union y'i claddwyd. Er gwaethaf eu hymdrechion diflino ni chafwyd hyd iddi, ac am flynyddoedd wedi hynny roedd trigolion Cwm Cerwyn cyn dloted â gwerinwyr cylch y Frenni Fawr.

*Foel Cwmcerwyn ac Arch Noa*
Saith diwrnod cyn y daeth dyfroedd y dilyw ar y ddaear, yn ôl yr hanes yn Llyfr Genesis, 'Aeth Noa i mewn i'r arch, a'i feibion a'i wraig a gwragedd ei feibion gydag ef, rhag dyfroedd y dilyw.' Ond bernid bod saith gŵr tlawd, na wyddem ni ddim amdanynt, yn rhy ddrygionus i'w cael ar fwrdd yr arch ac yn rhy dda i'w boddi. Felly, wrth i'r dyfroedd godi, dyma'r saith yn cydio'n dynn yn ochr yr arch o bren y gypreswydden. Yna, ymhen hir a hwyr, gostyngodd y dyfroedd yn raddol ac wrth i'r arch araf hwylio heibio i gopa Foel Cwmcerwyn, neidiodd y saith gŵr blinedig a llwglyd oddi ar y llong a rhuthro tua'r lan. Ymgartrefodd y saith ar y Preselau, yn ôl y sôn, a chadw draw oddi wrth holl ddisgynyddion Noa.

I Eirlys Gruffydd y mae'r diolch am gofnodi nid yn unig y chwedl isod, ond hefyd y tair sy'n dilyn, sef hanes 'Profiad rhyfedd Tom Jenkins', 'Hen ŵr Dolrannog Isaf' a'r stori am 'Ysbryd anhapus ardal Crymych'. Dyma sut y cofnodwyd y pedair chwedl yn *Llafar Gwlad*, y cylchgrawn Cymraeg chwarterol sy'n rhoi sylw i lên gwerin, crefftau a hiwmor cefn gwlad.

*Gwiber a thrysor llethrau'r Preselau*
Roedd gwiber y Preselau yn wiber fawr ddu, ac fe'i gwelwyd yn aml yn cysgu yn yr haul, ei chynffon a'i phen bron â chyffwrdd ei gilydd, a'i chorff wedi ei droi o gwmpas pentwr mawr o aur, gemau a darnau o arian. Un diwrnod daeth gweithiwr cyffredin ar draws y wiber yn cysgu'n drwm a phenderfynodd gymryd peth o'r trysor heb ddeffro'r sarff.

Cerddodd rhwng ei phen a'i chynffon ond cysgai'r wiber yn drwm. Dechreuodd y dyn lanw'i boced â'r trysor ond aeth trachwant yn drech nag ef; tynnodd ei gôt, ei thaflu ar y gwair a dechrau llwytho'r trysor arni. Anghofiodd yn llwyr am y wiber. Yn sydyn, clywodd sŵn aflafar a dychrynodd am ei fywyd. Dihangodd rhwng pen a chynffon y sarff gan adael y gôt a'r trysor ar ei ôl. Pan oedd yn ddigon pell, edrychodd yn ôl a gwelodd fod y wiber a'r trysor yn graddol suddo i grombil y ddaear. Ni welwyd hwy byth wedyn.

*Profiad rhyfedd Tom Jenkins*
Yn weddol ddiweddar cafodd un hen ŵr brofiad rhyfedd iawn. Ei enw oedd Tom Jenkins ac roedd yn gweithio ar fferm Dolrannog Uchaf ar lethrau de-ddwyreiniol Mynydd Carn Ingli. Un noson, roedd e'n cerdded adref drwy'r goedwig wedi bod ar ymweliad â fferm Llannerch ar lawr Cwm Gwaun pan sylweddolodd fod rhywun yn ei ddilyn. Arhosodd ac edrych yn ôl a gwelodd dros ei ysgwydd fod gŵr bonheddig mewn dillad du yn sefyll ryw ugain llath y tu ôl iddo.

Pan arhosai Tom arhosai y dyn hefyd. Credai Tom mai dychmygu'r peth yr oedd a cherddodd yn ei flaen. Yna, daeth ysfa arno i edrych o'i ôl eto, a chafodd fod y dyn yn dal i'w ddilyn. Dychrynodd y tro hwn a dechreuodd redeg nerth ei draed drwy'r goedwig i fyny'r llethr. Daeth i ddiwedd y goedwig ac i dir agored, ac arhosodd am funud i

Fferm Dolrannog Uchaf (chwith) a Charn Ingli

gael ei wynt ato. Edrychodd yn ôl a chael bod y dyn yn dal i sefyll yno yn edrych arno, prin ugain llath i ffwrdd. Rhywsut llwyddodd i gyrraedd adref ond ni fedrai anghofio'i brofiad rhyfedd. Dechreuodd gredu fod Angau ei hun wedi ei ddilyn adref. Aeth i'w wely ac aros yno. Ni allai'r meddyg weld dim o'i le arno ond ymhen ychydig ddyddiau bu farw.

### Hen ŵr Dolrannog Isaf

Tua dau gan mlynedd yn ôl, trigai hen ŵr yn Nolrannog Isaf ar lethrau Carn Ingli. Roedd yn gas ganddo unrhyw fath o grefydda, a bu'n byw bywyd ofer. Wedi iddo farw, cynhaliwyd gwylnos fel oedd yn arferol yn yr ardal. Gadawyd yr arch ar agor a chanhwyllau yn llosgi o gwmpas y corff mewn un ystafell tra oedd y teulu yn yr ystafell gyfagos yn dathlu marwolaeth yr hen ŵr blin.

Yn sydyn, tua hanner nos, clywyd sŵn ceffylau yn carlamu tua'r tŷ. Agorwyd y drws ffrynt a chlywyd sŵn traed trymion yn cerdded i'r ystafell lle roedd y corff. Ar yr un adeg yn union, diffoddwyd pob cannwyll oedd yn y tŷ ac roedd gormod o ofn ar y teulu i fynd i weld beth yn union oedd yn digwydd. Clywyd y traed yn mynd allan a'r drws yn cau. Yna, carlamodd y ceffylau i ffwrdd. Goleuodd rhywun gannwyll ac yna un arall, ac mewn ofn a dychryn aeth pawb i'r ystafell lle roedd y corff – ond doedd yno ddim byd ond arch wag. Credai'r teulu fod y Diafol wedi dod i gyrchu ei eiddo ei hun. Llanwyd yr arch â cherrig a'i chladdu â chyn lleied o seremoni ag oedd yn weddus er mwyn osgoi unrhyw siarad yn yr ardal.

### Ysbryd anhapus ardal Crymych

Yn ardal Crymych, ganol y bedwaredd ganrif ar bymtheg, roedd teulu'n cyd-fyw ag ysbryd o'r enw Gwilym. Ymddangosai'n aml iawn gan droi dodrefn a gwneud sŵn ofnadwy, ond roedd yn ddigon diniwed. Yn wir, ni fyddai neb o'r teulu yn cymryd fawr o sylw ohono ac oherwydd hynny roedd Gwilym yn drist iawn.

O'r diwedd, galwodd y penteulu arno i ddod i gytundeb â'r teulu. Pe byddai e'n ymddangos dim ond unwaith bob saith mlynedd, byddai'n llwyddo i ddychryn pawb am fod y teulu wedi anghofio am ei fodolaeth. Cytunodd yr ysbryd ac felly y bu. Diflannodd a chafodd pawb lonydd. Yna, ar ddiwedd y saith mlynedd, ymddangosodd a dychryn pawb. Mae'r trefniant yna wedi para ers yn agos i ddwy ganrif, yn ôl yr hanes, ac mae Gwilym yn ysbryd hynod o hapus erbyn hyn!

*Ffynhonnau'r Preselau*
Gan fod dros 1,650mm (65 modfedd) o law y flwyddyn yn cwympo ar gopaon yr ucheldir, nid yw'n syndod yn y byd fod tarddellau a thrylifiadau dŵr rif y gwlith yn nodweddu llechweddau a godreuon y moelydd. Serch hynny, pump o ffynhonnau cysegredig yn unig a restrwyd gan Mike Ings yn ei adroddiad *Medieval and Early Post-medieval Holy Wells*, a seiliwyd ar astudiaeth o ffynonellau hanesyddol ac ymweliadau maes, ac a baratowyd gan Ymddiriedolaeth Archaeolegol Dyfed ar ran Cadw. Fodd bynnag, o blith y pump, ni lwyddwyd i leoli safle Ffynnon Nicholas, a gofnodwyd gan Edward Llwyd tua 1695–98, i'r gogledd o Bont Cilrhedyn ar lawr Cwm Gwaun, nac ychwaith Ffynnon Fair, ffynnon gysegredig dybiedig a safai gerllaw fferm Tregynon, fry uwchlaw dolydd Cwm Gwaun, ac mewn cae sy'n dwyn yr enw Ffynnon Fair ar fap degwm plwyf Llanychlwydog, dyddiedig 1842.

Saif Ffynnon Llanllawer o fewn tafliad carreg i eglwys adfeiliedig Llanllawer, ychydig i'r gogledd o bentref Llanychâr (Llanychaer). Credir bod i ddyfroedd y ffynnon drawiadol hon briodoleddau iachusol, gyda'r gallu i wella llygaid llidus. Ond, yn ôl traddodiad, y mae hefyd yn ffynnon ofuned ac arferid taflu naill ai pinnau syth neu blyg i mewn i'r dŵr, gan ddibynnu p'un a oedd dymuniad y sawl a'u taflai yn dda neu'n ddrwg. Mae'r ffynnon hynafol hon, sy'n sychu yn dilyn cyfnodau o dywydd sych iawn, yn destun parch hyd heddiw, fel y tystia'r rubanau, y gleiniau a'r blodau sydd, yn amlach na pheidio, yn ei haddurno.

Ffynnon Llanllawer

Mae Ffynnon Beswch, y cofnodir ei henw ar fapiau cynnar yr Arolwg Ordnans, yn tarddu wrth droed llechweddau deheuol Talfynydd, nid nepell o Fynachlog-ddu. Fel yr awgryma'r enw, y gred oedd fod ei dyfroedd yn gwella anhwylderau'r frest. Arferai'r rheiny a fanteisiai ar y dyfroedd iachusol arysgrifennu eu blaenlythrennau a dyddiad eu hymweliad ar ddarnau o lechfaen a adawyd ar bwys y ffynnon, ond mae'r arfer honno wedi hen ddod i ben gan fod y darddell yn guddiedig bellach rhwng waliau tanc concrit ac iddo glawr metel.

Mae dyfroedd Ffynnon Carn Cŵn yn cronni mewn hollt yng nghreigiau'r garn a saif wrth droed llechweddau gogleddol Carn Ingli. Dywedir bod dŵr y ffynnon, yr arferid ei ddefnyddio i drin a gwaredu dafadennau, yn codi ac yn gostwng yn unol â'r llanw.

Os gwir y chwedl y cyfeiriodd W. R. Evans ati yn ei gerdd dafodieithol 'Ffinnon 'Richen', tarddell na chafodd ei rhestru ymhlith ffynhonnau cysegredig yr Oesoedd Canol a'r cyfnod Ôl-ganoloesol cynnar a ddisgrifiwyd gan Mike Ings, nid Ffynnon Carn Cŵn yw'r unig un dan ddylanwad y môr. Meddai WR am Ffynnon yr Ychen:

Ma'r blinidde in gweyd ar ddyn,
A wy'n ddigon hen erbyn hyn, chwel, i wbod,
Bod y dŵr o Ffinnon 'Richen
In colli'i ffreshni in jogel
Wrth fatlan 'i ffordd i'r môr …

gan ychwanegu,

'Sdwetha fach wen i'n clwêd,
Ie, dim ond 'sdwetha fach,
Hen whedel sy'n gweyd
Bo blas hallt ar y dŵr
Sy'n tarddu o Ffinnon 'Richen.

Mae'n debyg y chwaraeai'r ffynnon hon, sy'n tarddu fry ar lechweddau gogleddol Cwm Cerwyn, islaw crib yr ucheldir rhwng copa Foel Feddau a Cherrig Marchogion, ran nid dibwys yn hanes brodorion yr ardal. Prawf o hynny yw'r darnau o lechfaen o amgylch y darddell ac arnynt enwau rhai ohonynt, ac weithiau ddyddiadau y mae eu harwyddocâd yn ddirgelwch i ymwelwyr y dwthwn hwn.

Saif y ffynnon o fewn ergyd carreg i'r llwybr hynafol – efallai cyn hyned â 5,000 o flynyddoedd oed – a ddilynai grib y Preselau rhwng Foel Eryr a Foel Drygarn, llwybr a gamddisgrifiwyd ac a gamenwyd ar wahanol fapiau yn 'Roman Road', 'Robbers' Road', 'Via Flandrica' neu 'Flemings' Way'. Er na wnaed unrhyw ddefnydd o'r llwybr hwn yn ystod y cyfnod y lluniai George Owen 'The Description of Penbrockshire' (1603), fe'i dilynid gan y porthmyn yn ystod y ddeunawfed ganrif a'r bedwaredd ganrif ar bymtheg wrth iddynt arwain eu gwartheg draw i farchnadoedd canolbarth Lloegr a Llundain, arferiad a roes fod i'r gred y cafodd y darddell ei henwi yn Ffynnon yr Ychen oherwydd iddi gael ei defnyddio i dorri syched y creaduriaid.

Yn ogystal â'r ffynhonnau uchod, myn Timothy Darvill a Geoff Wainwright, cyd-awduron yr ysgrif 'Carn Meini a Cherrig Glas y Preseli' yn *Trysorau Cudd: Darganfod Treftadaeth Cymru*, fod 'cyfres o ffynhonnau [wrth droed tyrrau Carn Meini] y credid tan yn gymharol ddiweddar eu bod yn llesol i iechyd'. At hynny, meddent, 'Mae i nifer ohonynt garneddau, beddrodau megalithig, neu gerrig cafn-nadd [*sic*; cafn-nodau], yn ymyl lle mae'r dŵr yn llifo o greigiau'r garreg las, ac mae'n amlwg fod arwyddocâd arbennig yn perthyn iddynt yng nghyfnod cynnar cynhanes.' Ond yn ôl traddodiad, yr unig ffynnon iachusol o fewn golwg Carn Meini yw Ffynnon Beswch. Ar ben hynny, nid oes enghreifftiau o'r nodweddion eraill a enwir i'w gweld ar lethrau deheuol Carn Meini chwaith. A chan nad oes unrhyw dystiolaeth ddaearegol gredadwy bellach i gadarnhau honiad Darvill a Wainwright mai Carn Meini oedd ffynhonnell 'cerrig gleision' Côr y Cewri, perthyn i fyd y dychymyg y mae'r cysylltiad honedig rhwng creigiau'r garn honno a'r gyfres o ffynhonnau cysegredig canoloesol a'r ffynhonnau iachusol tybiedig sy'n britho'r tir dan ei chysgod. Yn wir, mae'r archaeolegwr Mike Parker Pearson, cyd-awdur yr erthygl 'Craig Rhos-y-felin: a Welsh bluestone megalith quarry for Stonehenge', hefyd o'r farn fod yr wybodaeth ddaearegol

Ffynnon Beswch

ddiweddaraf yn annilysu'r ddamcaniaeth ffansïol honno o eiddo Darvill a Wainwright sy'n mynnu y cawsai 'cerrig gleision' Carn Meini eu cludo i Gôr y Cewri oherwydd bod cysylltiad rhyngddynt a ffynhonnau iachusol tybiedig y safle.

# Cadwraeth natur: cadw i'r oesoedd a ddêl y glendid a fu

'Gwael yw y tir.' Dyna farn bendant y Parchg D. Tyssil Evans, awdur *Cofiant y Parch. Caleb Morris*, am ddaear anhydrin cyffiniau Foel Drygarn, llecyn a oedd o fewn tafliad carreg i gartref gwrthrych y cofiant. 'Mae llawer o hono wrth natur yn fynydd-dir neu waendir corsiog,', meddai'r cofiannydd, 'ac y mae yn rhaid wrth lafur mawr i'w wneyd yn dir gwrteithiedig. Ac ar ol llwyddo i wneyd hyn, nid oes gorphwysdra; oherwydd syrthia yn ol i'w sefyllfa gyntefig os na thrinir ef yn barhaus.' Adeg y frwydr a ymleddid rhwng Tachwedd 1946 a Mawrth 1950 i ddiogelu'r Preselau rhag presenoldeb y fyddin a'i harfau, mynnodd un o gynghorwyr Cyngor Tref Abergwaun ac Wdig hefyd 'nad oedd yna fawr o werth i'r tir o dan sylw [y Swyddfa Ryfel] a'i fod gyda'r gwaelaf yn y sir'. Priddoedd mawnaidd tenau, prin eu maetholion a charegog ar ddyfnder o oddeutu 40 centimetr, sy'n cynnal porfeydd garw crib yr ucheldir a borir gan ddefaid a merlod mynydd porfawyr y tiroedd comin. Ond ni waeth pa mor wael yw'r porfeydd hyn, nid diwerth mo'r tir o bell ffordd, oherwydd buan y sylweddolwyd bod iddo werth cadwraethol.

Yn 1942, bedair blynedd cyn i drigolion bro'r Preselau glywed am fwriad y Swyddfa Ryfel i droi'r tir yn faes ymarfer milwrol, roedd Pwyllgor Scott, dan gadeiryddiaeth yr Arglwydd Ustus Scott, eisoes wedi argymell sefydlu nifer o barciau cenedlaethol yng Nghymru a Lloegr. Pasiwyd Deddf y Parciau Cenedlaethol a Mynediad i Gefn Gwlad yn 1949 a rhwng 1950 ac 1957 dynodwyd deg o barciau cenedlaethol, tri ohonynt yng Nghymru, sef Eryri (1951), Arfordir Penfro (1952) a Bannau Brycheiniog (1957). Y lleiaf o'r tri yw Parc Cenedlaethol Arfordir Penfro ac, er gwaethaf ei enw, mae'n ymgorffori talp nid ansylweddol o fewndir Penfro, sef y rhan helaethaf o'r Preselau, ac eithrio'r Frenni Fawr a'r Frenni Fach.

Gan gydweithredu â thirfeddianwyr a phorfawyr, prif gyfrifoldeb awdurdod y parc (yn ogystal ag awdurdodau'r parciau eraill) oedd gwarchod a gwella harddwch naturiol, bywyd gwyllt a threftadaeth ddiwylliannol yr holl dir dan ei oruchwyliaeth, yn ogystal â hyrwyddo cyfleoedd i'r cyhoedd ddeall a mwynhau holl nodweddion y parc. Yng nghyd-destun y Preselau, gwireddwyd hyn yn rhannol yn dilyn pasio Deddf Cefn Gwlad a Hawliau Tramwy 2000, a ddaeth i rym yn 2005. Rhoddai'r ddeddf hon hawl i aelodau o'r cyhoedd gerdded ar draws unrhyw ran o dir agored yr ucheldir (tir mynediad) heb orfod aros ar lwybrau, sef y tiroedd comin a oedd yn rhan o'r system faenoraidd Normanaidd ac yn eiddo i arglwyddi Eingl-Normanaidd Arglwyddiaeth Cemais, ond sydd bellach yn eiddo naill ai i nifer o bobl ar y cyd neu ynteu i unigolyn.

Mae Maenor Mynachlog-ddu, er enghraifft, yn eiddo i Arglwydd y Faenor, sef gŵr o'r enw David Williams sy'n byw yng Ngwlad yr Haf, a llywodraethir y tir comin ar ei ran gan y Cwrt Lît. Prif swyddog y cwrt hynafol hwnnw yw Beili'r Mynydd, sef Dyfed Davies, Pantithel, fferm ddefaid o oddeutu 101 hectar (250 erw) wrth odre Talfynydd. Mae ef

Arwydd Parc Cenedlaethol Arfordir Penfro

a rhai o'r cominwyr eraill – perchenogion tiroedd fferm cyfagos – yn dal i fanteisio ar yr hawl i bori eu defaid (a'u merlod yn achos rhai ohonynt) ar dir agored yr ucheldir, ond nid gydol y flwyddyn. Fel y dywed Cerwyn Davies, brawd Dyfed, yn ei ysgrif 'Scot y Ferlen Felen a Finne' yn y gyfrol *O'r Witwg i'r Wern*, daeth tro ar fyd wedi gaeaf caled a lluwchfeydd eira 1947:

> Yn dilyn deddfau amaeth 1947 i sicrhau cyflenwad digonol o fwyd wedi'r Ail Ryfel Byd, bu dylanwad W. H. Jones, un o swyddogion yr NAAS (*National Agricultural Advisory Service*)

yn Hwlffordd, yn allweddol i fugeiliaid y Preseli. Tynnodd eu sylw at chwe mil o erwau o dir o dan ofal y Swyddfa Rhyfel [*sic*] yng Nghastellmartin yn ne Sir Benfro a oedd yn segur gydol y gaeaf … [C]yrhaeddodd y llwyth cyntaf o ddefaid o'r Preseli y maes tanio ddechre mis Rhagfyr 1950 … Mae'r arferiad yn parhau hyd heddiw. Yn y blynyddoedd cynnar roedd nifer fawr o borf[a]wyr yn ymarfer yr hen draddodiad o hafod a hendre ond erbyn heddiw dim ond dwsin o borf[a]wyr sy'n symud eu defaid i Gastellmartin.

Fel rheol, cânt eu symud ym mis Tachwedd, gan ddychwelyd ddiwedd Ebrill.

O dan amodau Glastir, cynllun rheoli tir yn gynaliadwy o eiddo Llywodraeth Cymru sy'n cynnig cymorth ariannol i ffermwyr, mae

Dyfed Davies, Beili'r Mynydd ar glos fferm Pantithel

hefyd yn ofynnol i'r porfawyr symud eu defaid oddi ar yr ucheldir am gyfnod o dri mis rhwng Tachwedd a Chwefror. Un o amcanion y cynllun amaeth-amgylcheddol hwn yw gwella bioamrywiaeth yr ardal ac, megis y penderfyniad i gynnwys y Preselau yn rhan o Barc Cenedlaethol Arfordir Penfro, mae'n gydnabyddiaeth o werth cadwraethol y tir.

Ond arwydd o wir werth y Preselau oedd y penderfyniad i ddynodi 3,569.6 hectar (*c*.8.820 erw) o dir oddi mewn i ffiniau'r Parc Cenedlaethol yn gyfres o Safleoedd o Ddiddordeb Gwyddonol Arbennig, tiroedd a warchodir dan amodau Deddf Bywyd Gwyllt a Chefn Gwlad 1961. Ar y dynodiadau statudol hyn y seilir y rhan fwyaf o ddigon o ddynodiadau cadwraeth natur/daearegol eraill, gan gynnwys gwarchodfeydd natur cenedlaethol ac Ardaloedd Cadwraeth Arbennig (sef ardal gadwraeth o bwysigrwydd Ewropeaidd). Yn ystod y blynyddoedd rhwng 1954 a 2000 dynodwyd y Safleoedd o Ddiddordeb Gwyddonol Arbennig a ganlyn: Gweunydd Blaencleddau (149.6 hectar; nid nepell o Fynachlog-ddu); Mynydd Preseli (2,697.9 hectar; y tir agored rhwng Foel Drygarn–Carn Meini a Foel Eryr, a ddynodwyd hefyd yn Ardal Gadwraeth Arbennig); Coed Tŷ Canol (71.8 hectar; Gwarchodfa Natur Genedlaethol ger Brynberian); Gallt Llannerch–Coed Gelli-deg (30.3 hectar; ar lechweddau gogleddol Cwm Gwaun); Allt Pont-faen–Coed Gelli-fawr (70.7 hectar; ar lechweddau deheuol Cwm Gwaun); Cwm Bach, Sychbant (8.7 hectar; ar lechweddau gogleddol Cwm Gwaun); Coed y Garn–Coed Cilciffeth (38.6 hectar; ar lechweddau Cwm Gwaun rhwng Pont-faen a Llanychâr); Dyffryn Gwaun (25.3 hectar; ger ffermdy Llannerch) ac Esgyrn Bottom (48.3 hectar; i'r de-orllewin o Lanychâr); a Charn Ingli (428.4 hectar; y tir rhwng Bedd Morris a Mynydd Carn Ingli i'r de o Drefdraeth).

*Mynydd Preseli*
Heblaw am y carnau creigiog (tyrrau) trawiadol o ddiddordeb daearegol sy'n nodweddu copaon a llechweddau noethlwm y moelydd, mae tir agored y safle hwn o ddiddordeb biolegol arbennig oherwydd ei gyfuniad o gynefinoedd llystyfiannol lled-naturiol ac amrywiol eu

natur, gan gynnwys gwlyptiroedd, glaswelltiroedd a rhostiroedd. Mae'r gwlyptiroedd, megis Waun Brwynant wrth odre llechweddau gogleddol yr ucheldir, yn gynefin cyfoethog ei rywogaethau ac yn y mannau gwlypaf, lle mae'r corsydd ar eu dyfnaf, mae'n glytwaith o dwmpathau a phantiau dan orchudd o figwyn (*Sphagnum*), hesg a phlu'r gweunydd (*Eriophorum angustifolium*). Ar y llechweddau sy'n wlypach na'i gilydd, ceir planhigion megis glaswellt y gweunydd (*Molinia caerulea*), grug croesddail (*Erica tetralix*), clytiau o helyg Mair (*Myrica gale*) a pheth grug (*Calluna vulgaris*). Ar lawr bylchau'r ucheldir, megis Bwlch Ungwr,

Waun Brwynant

Mursen las Penfro

(trwy garedigrwydd Chris Brooks, www.dragonfly-images.co.uk)

mae'r gwlyptiroedd ar ffurf gorgorsydd a nodweddir mewn mannau gan ambell glwt o blu'r gweunydd unben (*Eriophorum vaginatum*).

Glaswelltir asidig a geir ar gopaon sychach y moelydd, sef y gawnen ddu (*Nardus stricta*) yn gymysg â'r frwynen droellgorun (*Juncus squarrosus*), peiswellt y defaid (*Festuca ovina*) a maeswellt cyffredin (*Agrostis capillaris*). Erbyn heddiw, mae'r rhostir sych yn gyfyngedig, i raddau helaeth, i'r tir yng nghyffiniau Foel Drygarn a Charn Meini lle ceir digonedd o lus (*Vaccinium myrtillus*) a grug, ynghyd â chlystyrau o eithin mân (*Ulex gallii*) ac eithin Ffrengig (*Ulex europaeus*) wrth odre'r llechweddau, a rhedyn ungoes (*Pteridium aquilinum*) lle mae'r pridd ar ei ddyfnaf. Cynefin pwysig arall yw'r tyrrau a'u cludeiriau cysylltiedig sydd yn cynnal nifer o rywogaethau o redyn prin a chennau.

Mae Safle o Ddiddordeb Gwyddonol Arbennig Mynydd Preseli hefyd yn cynnwys nid yn unig y safle pwysicaf yng Nghymru ar gyfer mursen las Penfro (*Coenagrion mercuriale*), ond hefyd un o'r

209

Gweunydd Blaencleddau

poblogaethau cadarnaf ohoni yng ngwledydd Prydain ac, o bosibl, yn Ewrop. Yn wir, ei phresenoldeb oedd yn rhannol gyfrifol am ddynodi Mynydd Preseli yn Ardal Gadwraeth Arbennig. Eto i gyd, mae cynefin y fursen lasliw hon, sef dyfrffosydd agored, bas, yn prysur brinhau, yn bennaf oherwydd nad yw safleoedd megis Waun Brwynant, Cors Tewgyll ar lethrau isaf Talfynydd, a Safle o Ddiddordeb Arbennig Gweunydd Blaencleddau, a fu gynt yn gadarnleoedd y creadur, yn cael eu pori'n ddigonol bellach gan ferlod a gwartheg. Er mwyn ceisio atal tranc y fursen nodedig hon, rhoes Awdurdod Parc Cenedlaethol Arfordir Penfro gychwyn ar gynllun yn 2015 i greu'r dyfrffosydd angenrheidiol gyda chymorth offer mecanyddol. Amser a ddengys a fydd y cynllun, a gefnogir gan dri mudiad amgylcheddol arall, yn cynnwys Cyfoeth Naturiol Cymru (prif gynghorydd Llywodraeth Cymru ar faterion yn ymwneud ag amgylchedd ac adnoddau naturiol y wlad), yn llwyddiant ai peidio.

*Gwarchodfa Natur Genedlaethol Coed Tŷ Canol*

Er bod y gadwyn o dyrrau a'u cludeiriau cysylltiedig ar gopa Carnedd Meibion Owen o gryn ddiddordeb daearegol, dynodwyd y llecyn hwn a'r tir coediog ar lechweddau gogleddol y garnedd yn Safle o Ddiddordeb Gwyddonol Arbennig ar sail ei nodweddion biolegol yn unig. Prif nodwedd y safle yw Coed Tŷ Canol, y bloc mwyaf o goetir hynafol yn ne-orllewin Cymru, ynghyd â'r 400 a mwy o wahanol rywogaethau o gennau sy'n gorchuddio boncyffion a changhennau y coed derw mes di-goes (*Quercus petraea*) a'r ychydig goed bedw llwyd (*Betula pubescens*), cyll (*Corylus avellana*), criafol (*Sorbus aucuparia*) ac ynn (*Fraxinus excelsior*) ynghyd â'r clegyrau a'r clogfeini a geir yn eu plith. Yn wir, dyma un o'r

Coetir hynafol Tŷ Canol

safleoedd pwysicaf yng ngwledydd Prydain ar gyfer cennau, ac yn eu mysg ceir rhai rhywogaethau prin iawn. Mae'r tyrrau a'r cludeiriau, sydd wedi'u hamgylchynu â rhostir o eithin mân a rhedyn ungoes a gaiff ei bori gan ferlod mynydd a defaid, hefyd yn gartref i rai rhywogaethau o gennau nad ydynt i'w canfod yn y goedwig. Mae'r safle yn nodedig yn ogystal am ei fwsoglau; cofnodwyd dros 125 o wahanol rywogaethau ohonynt.

Cen deiliog yng Nghoed Tŷ Canol

*Coetiroedd Cwm Gwaun*

Un o brif nodweddion Cwm Gwaun, y sianel ddŵr-tawdd drawiadol honno sy'n ynysu Mynydd Carn Ingli–Mynydd Dinas rhag gweddill y Preselau, yw ei lechweddau coediog rhwng Cilgwyn a Llanychâr. O blith y pedair gallt sydd wedi'u dynodi'n Safleoedd o Ddiddordeb Gwyddonol Arbennig, dynodwyd tair yn bennaf ar gyfrif y coedwigoedd collddail

Merlod yn pori Gwarchodfa Natur Genedlaethol Tŷ Canol

hynafol a lled-naturiol sy'n gorchuddio'r llethrau serth ac yn cynnal casgliadau tra chyfoethog o gennau sydd yn nodweddiadol o hen goedwigoedd. Y brif goeden yng nghanopi'r tri safle (Gallt Llannerch–Coed Gelli-deg; Allt Pont-faen–Coed Gelli-fawr; Coed y Garn–Coed Cilciffeth) yw'r dderwen mes di-goes, yn gymysg â rhywfaint o goed ynn a llwyfenni llydanddail (*Ulmus glabra*), ond mae i bob safle ei nodweddion arbennig ei hun. Er enghraifft, ni cheir coed gwern (*Alnus glutinosa*) ar safle Gallt Llannerch–Coed Gelli-deg, ond fe'u cofnodwyd yn tyfu ar dir gwlypaf safleoedd Allt Pont-faen–Coed Gelli-fawr a Choed y Garn–Coed Cilciffeth, dau leoliad sydd hefyd yn nodedig am sawl rhywogaeth o goed anfrodorol megis ffawydd (*Fagus sylvatica*) a masarn (*Acer pseudoplatanus*). Ar y llaw arall, mae coed cyll a chelyn (*Ilex aquifolium*) yn elfennau cyffredin ymhlith y prysgwydd ar lawr coetiroedd y tri safle.

Rhan o safle Gallt Llannerch–Coed Gelli-deg

Yn wahanol i'r tri safle coediog, mae Safle o Ddiddordeb Gwyddonol Arbennig Cwm Bach, Sychbant, yn gyfuniad o ddau gynefin tra gwahanol i'w gilydd. Yn anad dim, glaswelltir a rhedyn ungoes, ynghyd â llwyni gwasgaredig o eithin Ffrengig ac eithin mân sy'n nodweddu hanner uchaf y safle, ond coetir a phrysgwydd lled drwchus a geir ar hyd glannau isaf nentydd Cwm Mawr a Chwm Bach. Onnen yw'r brif rywogaeth ond ceir yn ogystal goed masarn anfrodorol ac ambell dderwen mes di-goes a gwernen. Mae'r coed yn cynnal tua 90 o wahanol rywogaethau o gen, 16 ohonynt yn rhywogaethau a gysylltir â choetir hynafol. Nodwedd arbennig o dir agored y safle yw'r ieir bach yr haf, yn enwedig y rhywogaethau a ganlyn: britheg frown (*Argynnis adippe*); britheg arian (*Argynnis paphia*); britheg berlog (*Boloria euphrosyne*); britheg berlog fach (*Boloria selene*); a glesyn celyn (*Celastrina argiolus*).

*Dyffryn Gwaun ac Esgyrn Bottom*
Yng Nghwm Gwaun, rhwng Gallt Llannerch a Chwm Bach, fe geir y gwlyptir mwyaf sydd ar ôl ar lawr y dyffryn, a gerfiwyd gan rym erydol

afon ddŵr-tawdd danrewlifol tua 450,000 o flynyddoedd yn ôl pan oedd llen iâ enfawr yn gorchuddio Cymru gyfan. Yn briodol ddigon, yr ymadrodd a ddefnyddiodd yr awdur Richard Fenton yn 1810 i ddisgrifio natur y tir ar ddwylan afon Gwaun oedd 'doldir gweunaidd', tir mawnaidd dan orchudd o dwmpathau o laswellt y gweunydd, ynghyd â hesg gylfinfain (*Carex rostrata*) a phumnalen y gors (*Potentilla palustris*) mewn rhai o'r pantiau yn y dolydd. Yn y mannau hynny sydd agosaf at ffermdy Llannerch ceir gwernydd o goed gwern a helyg llwyd (*Salix cinerea*), sef cynefin 77 o wahanol rywogaethau o gennau, 16 ohonynt yn ddangosyddion coetir hirhoedlog.

Rhan o sianel ddŵr-tawdd Cwm Gwaun yw Esgyrn Bottom (mae tarddiad yr enw cymysgryw yn ddirgelwch) ac ar ei lawr, ger pen gorllewinol Coed Cilgelynnen, ceir y gyforgors fwyaf de-orllewinol yng ngwledydd Prydain. Math arbennig o gors yw cyforgors, ond yn yr achos hwn mae

Cyforgors Esgyrn Bottom

cynlluniau draenio yn ogystal â'r arfer o ladd mawn, gwaith a aeth rhagddo hyd ddiwedd y 1960au, wedi lleihau ei harwynebedd a'i ffurf gromennaidd nodweddiadol. Serch hynny, mae dadansoddiad o'r gronynnau paill yn yr haenau o fawn (tua saith metr o drwch) sy'n gorwedd ar sylfaen o glai llynnol, yn cofnodi'r newidiadau amgylcheddol a nodweddai'r ardal dros gyfnod o 9,500 o flynyddoedd, wrth i'r hinsawdd gynhesu yn dilyn enciliad llenni iâ'r Rhewlifiant Diwethaf ac wrth i drigolion yr oes Neolithig ddechrau clirio'r coetiroedd ac amaethu'r tir. Troes y llyn bas yr ymgasglodd y clai ynddo yn wern gyrs ac yna yn goetir bedw, a ddisodlwyd ymhen amser gan lystyfiant mwy agored o blu'r gweunydd a glaswellt y gweunydd cyn yr ymffurfiodd y gyforgors o wahanol rywogaethau o figwyn yn bennaf. Eto i gyd, mae planhigion megis grug, grug croesddail, glaswellt y gweunydd a phlu'r gweunydd i'w cael ar rai twmpathau llai na'i gilydd, a gwlithlys (*Drosera rotundifolia*) a llugaeron (*Vaccinium oxycoccos*) ar ymylon pantiau gwlyb. Ar ymylon y gors ceir coed helyg llwyd a gwern, a choed derw mes di-goes ar lechweddau serth y sianel.

Olion llosgi ar lechweddau Carn Ingli

*Carn Ingli*

Mae'r safle hwn o ddiddordeb gwyddonol arbennig oherwydd ei rostir arforol sych, cynefin sy'n gymysgedd o rug, grug y mêl (*Erica cinerea*) ac eithin mân yn bennaf. Megis rhannau o safle Mynydd Preseli, caiff y cynefin hwn hefyd ei gynnal gan arferion pori defaid a merlod mynydd, yn ogystal â'r arfer o losgi dan reolaeth glytiau bach o'r llystyfiant yn ystod y gaeaf. Yn wir, mae llosgi grug ac eithin yn elfen draddodiadol a hynafol o reolaeth tir. Yn benodol, mae'n fodd i gynnal llystyfiant bwytadwy ar gyfer anifeiliaid pori a diogelu cymeriad y rhostir. Y mae pori hefyd yn hollbwysig gan ei fod yn atal y planhigion mwyaf cystadleuol, megis glaswellt y gweunydd, eithin neu redyn ungoes, rhag llwyr feddiannu'r tir. Mewn ambell fan, fodd bynnag, disodlir y rhostir gan glytiau o laswelltir, cynefin gweiriau megis maeswellt cyffredin, peiswellt coch (*Festuca rubra*), peiswellt y defaid a pherwellt y gwanwyn (*Anthoxanthum odoratum*), yn ogystal â phlanhigion blodeuol fel tresgl y moch (*Potentilla erecta*) a briwydd wen (*Galium saxatile*).

Oddi amgylch i'r tarddellau ar lechweddau Mynydd Carn Ingli, mae planhigion megis brwyn, plu'r gweunydd a gwlithlys, sy'n nodweddiadol o wlyptiroedd, yn ffynnu, tra bo gwahanol rywogaethau o redyn yn llechu ymhlith cludeiriau'r ucheldir.

Elfen estron yn nhirwedd y Preselau yw'r planigfeydd coniffer preifat, sydd yn nodwedd amlwg iawn yn ardal Rosebush a Glynseithmaen ac ar lechweddau gorllewinol dyffryn afon Cleddau Ddu, islaw Carn Gyfrwy. Y brif rywogaeth a blannwyd ddiwedd y 1950au a dechrau'r '60au oedd sbriwsen Sitca (*Picea sitchensis*) – a dyfai'n gyflym dan ddylanwad y glawiad blynyddol sydd cyn uched â 1,650 milimetr (65 modfedd) ar gopa Foel Cwmcerwyn – a pheth pinwydd camfrig (*Pinus contorta*). Datfforestwyd a chynaeafwyd cyfran helaeth o'r planigfeydd yn ardal Rosebush yn ystod y cyfnod rhwng 2005 a blynyddoedd cynnar y 2010au yn bennaf. Ond, ysywaeth, yn hytrach nag ailblannu rhyw gymaint o goed collddail brodorol ymhlith y conwydd estron yn naear y fforestydd

Planigfeydd coniffer ardal Rosebush yn 2002
(trwy garedigrwydd Comisiwn Brenhinol Henebion Cymru)

gwreiddiol, dim ond ychydig iawn o goed bedw sydd i'w gweld yn tyfu hwnt ac yma yng nghanol undonedd y sbriws Sitca ac ambell binwydden gamfrig. Cynefin tlawd ei fywyd gwyllt yw'r coed conwydd ac mae llawr tywyll y planigfeydd yn gwbl amddifad o blanhigion blodeuol.

*Safleoedd Geoamrywiaeth [Daearegol] o Bwysigrwydd Rhanbarthol*
*[RIGS: Regionally Important Geodiversity [Geological] Sites]*
Yn wahanol i Safleoedd o Ddiddordeb Gwyddonol Arbennig, a warchodir dan amodau Deddf Bywyd Gwyllt a Chefn Gwlad 1961, dynodiadau anstatudol yw Safleoedd Geoamrywiaeth o Bwysigrwydd Rhanbarthol, a ddiffinnir gan wyddonwyr daear ac a gofrestrir gan awdurdodau lleol. Maent yn fodd o gydnabod a gwarchod nodweddion

daearegol o bwysigrwydd rhanbarthol neu leol, megis brigiadau creigiau neilltuol neu dirffurfiau arbennig, fel y gall cenedlaethau'r dyfodol eu hastudio a'u mwynhau.

Dynodwyd y pum safle a ganlyn yn ardal y Preselau: Cwm Gwaun, yn bennaf ar gyfrif y cymhlethdod o sianeli dŵr-tawdd tanrewlifol, megis Cwm Gwaun ei hun, a grëwyd gan afonydd a lifai o dan y llen iâ a orchuddiai Gymru gyfan tua 450,000 o flynyddoedd yn ôl; chwareli Rosebush a Bellstone, am eu cerrig llaid a cherrig silt a ymgasglodd ar lawr môr dwfn yn gynnar yn ystod y cyfnod Ordofigaidd, a'r llechfeini a ymffurfiodd o ganlyniad i symudiadau daear grymus a ddigwyddodd yn ystod y cyfnod Silwraidd a'r cyfnod Defonaidd cynnar; Chwarel Tyrch, am y cerrig llaid holltiedig yn dyddio o'r cyfnod Ordofigaidd cynnar, sy'n brigo yn yr uchaf o'r ddwy chwarel Tyrch, ac a oedd yn ffynhonnell llechfeini o ansawdd gwael a ddefnyddid yn lleol; Foel Drygarn, yn bennaf am y graig igneaidd y lluniwyd y tyrrau ohoni, sef y dolerit sy'n brigo ar lechweddau deheuol y copa; a Charn Menyn [Meini], yn bennaf am y dolerit smotiog y lluniwyd tyrrau'r copa ohono.

Planigfeydd coniffer newydd

Tafarn Sinc

'Gorsaf Rosebush'

Er pwysiced yw'r dynodiadau statudol ac anstatudol fel moddion i warchod harddwch naturiol, bywyd gwyllt a threftadaeth ddiwylliannol y Preselau, yr un mor bwysig yw anhygyrchedd a phellenigrwydd cymharol y moelydd digysgod, yn ogystal â phrinder yr adnoddau twristaidd y mae cynifer o ymwelwyr yn eu chwenychu a'u disgwyl y dyddiau hyn. Prin a bach yw'r meysydd parcio sy'n gwasanaethu'r ardal a phrinnach fyth yr atyniadau sy'n denu torfeydd. Pennaf atyniadau Rosebush, prif ganolfan yr ucheldir, yw Tafarn Sinc, lle mae'r croeso ar hyn o bryd wastad yn Gymreigaidd ac yn Gymraeg, canolfan Cawsiau Pant-mawr, Parc Gwyliau Rosebush a hen chwareli llechi Bellstone a Rosebush y mae eu holion o gryn ddiddordeb i archaeolegwyr diwydiannol a daearegwyr fel ei gilydd. Ac yng Nghwm Gwaun, lle mae'r brodorion yn dal i ddathlu'r Hen Galan ar 13 Ionawr, nid oes yr un atyniad a all gystadlu â 'tafarn Bessie', sef y Dyffryn Arms ym Mhont-faen, lle mae Bessie Davies wedi bod yn gweini cwrw dros gyfnod o 60 mlynedd a mwy.

Canolfan Cawsiau Pant-mawr

Dyffryn Arms, Pont-faen

Murlun ar wal Ysgol Llanychlwydog

Un o lynnoedd addurnol Rosebush ar dir Parc Gwyliau Rosebush

Mewn troednodyn i'w cherdd 'Celwi' yn ei chyfrol *Nes Draw*, cerdd sy'n cyfeirio at dai a thyddynnod ardal Pwllderi, Pen-caer, dyma a ddywed y Prifardd Mererid Hopwood: 'Gwarchodwyd allanolion pob tŷ a thyddyn yma, ond mae'r holl "gadwraeth" yn cuddio'r newid yng nghymdogaeth yr ardal hon. Tai gwag yw tai'r gaeaf mwy.' Yn briodol ddigon, gwarchodir harddwch y Preselau a chynefinoedd bregus rhyfeddodau byd natur y fro, 'ond mae'r holl "gadwraeth" yn cuddio'r newid yng nghymdogaeth yr ardal hon' hefyd. Diamddiffyn yw ei chymdogaethau Cymraeg eu hiaith. A pha mor brin bynnag yw rhai o greaduriaid a phlanhigion yr ucheldir, ymddengys fod dyfodol y cynefinoedd y maent yn llwyr ddibynnol arnynt yn sicrach na'r Gymraeg mewn ardal a ystyrir yn un o'i chadarnleoedd. Ys dywedodd Iwan Edgar yn ei ysgrif 'Y Fro Gymraeg heddiw' yn y llyfr *Pa beth yr aethoch allan i'w achub?* mae 'difetha neu ddirywio cynefin anifail neu blanhigyn cystal â difa'r rhywogaeth ei hun maes o law, ac [nid] oes dim yn wahanol i hyn yn achos iaith a diwylliant.'

225

Waldo
1904–1971

MUR FY MEBYD,
FOEL DRIGARN, CARN GYFRWY, TAL MYNYDD,
WRTH FY NGHEFN
YM MHOB ANNIBYNIAETH BARN.

# Diogelu tir – Colli iaith

Unwaith yn unig
Y dyrchefais fy llygaid i'r mynyddoedd
A gweled gwarth.
Yr oedd milwyr ar y moelydd
Yn bwrw'u prentisiaeth lladd.
Noethai'r cŵn eu dannedd arnynt,
A chrwydrodd y defaid ymaith
O olwg bugeiliaid newydd Garn Gyfrwy.
Ciliodd yr wylan i'r heli,
Ehedodd yr ehedydd o'i randir
A daeth y merlod-feirch yn ffrindiau
Dan y graig y dwthwn hwnnw.
Ni themtiwyd bytheiad i hela cadno
A goddefwyd i'r curyll hedfan
Uwchben yr ydlan.

Nid Cymry oedd milwyr y moelydd,

Ni wisgent ein brethyn

Na siarad iaith ein heddwch.

Daethant a rhwygo

Rhigol gorfoledd

A chwerthin byw diwyd

Doethineb daear.


Pan giliodd y milwyr,

Dychwelodd i'r moelydd

Hud a lledrith machlud a llwydrew;

Rhywbeth na wyddem ei gael

Cyn ei golli.

Gwelsom yr wylan eilwaith,

A darganfu'r ehedydd ei nyth

Â'r wyau'n oer.


Penderfyniad y Swyddfa Ryfel i ddefnyddio'r Preselau yn faes ymarfer milwrol yn ystod yr Ail Ryfel Byd a ysgogodd y Parchg E. Llwyd Williams i lunio'r gerdd ddiflewyn-ar-dafod ac iasol ei diweddglo, 'Presely'. Gan mai Tir na n-Óg y bardd-weinidog, a aned yn y Lan, Efail-wen, oedd y Preselau, nid yw'n syndod yn y byd iddo deimlo'r rheidrwydd i'w chyfansoddi, ac yntau'n ffieiddio'r defnydd a wnaed o'r moelydd gan filwyr estron, ynghyd â gwaddol eu gweithgareddau.

Ond a barnu yn ôl atgofion rhai o drigolion bro'r Preselau, roedd blynyddoedd dreng yr Ail Ryfel Byd hefyd yn gyfnod hynod gyffrous, fel y tystia atgofion bore oes Idris Davies a fagwyd ar fferm nid nepell o Faenclochog. Meddai yn ei ysgrif 'Rasions Rhyfel' yn *Mam-gu, Siân Hwêl a Naomi*:

> Bu cyffro mawr ... yn ystod Pasg '43, pan fu llu o awyrennau wrthi am oriau yn ymarfer bomio'r rheilffordd oedd yn rhedeg rhwng y Ffactori [*sic*; arferai'r ffatri wlân sefyll ar lan afon Syfynwy rhwng Rosebush a Thafarn Newydd] a Rosebush ... Yn ystod hafau 1943 a 1944, bu'r fyddin yn gwersylla yn yr ardal. Yn '43 milwyr Prydeinig oedd yn gwersylla yn Rosebush, ar berci Bryngerwyn ... Roeddem wrth ein bodd yn gwylio'r confois lorïau, y Bren Gun Carriers a'r Despatch Riders yn ymarfer o amgylch y wlad. Tro'r Iancs oedd hi yn '44. Roedd gwersyll anferth yn Rosebush gyda'r pebyll yn gorchuddio perci Bryngerwyn, Tygrug, Pantmawr a Phantbach.

Siom iddo ef a nifer o blant a phobl ifanc eraill y fro oedd '[g]weld y pebyll yn dod lawr [a'r] perci yn cael eu clirio'. I eraill, fodd bynnag, roedd presenoldeb y milwyr Prydeinig ac Americanaidd yn achos loes a phryder.

'Cyfaredd Cwm Cerwyn' yw teitl ysgrif Yvonne Evans yn *O'r Witwg i'r Wern*. Cartref cyndeidiau'r awdures, ar ochr ei mam, oedd ffermdy Cwm Cerwyn, a safai yng nghesail Foel Cwmcerwyn. Heddiw, dim ond adfeilion sydd i'w gweld, oherwydd cafwyd ar ddeall ganddi y 'cafodd y ffermdy ei ddinistrio gan filwyr oedd yn ymarfer ar y llethrau ar b'nawn Sul, a hynny er mawr gonsýrn i weinidog Bethel, y Parchg R. Parri-Roberts a'r selogion. Defnyddiwyd y ffermdy fel targed ffug o eiddo'r gelyn.'

Nid da gan weinidog Bethel chwaith fod catrawd weddol luosog o Americanwyr yn addoli ym Methel o bryd i'w gilydd. Er bod y milwyr o dan ofal eu caplan, mae'n debyg nad oedd Parri-Roberts, yr heddychwr digymrodedd, yn cyd-fynd â'r syniad fod ei gapel yn cael ei ddefnyddio i'r amcanion hynny. Serch hynny, 'Cyfraniade oedfaon

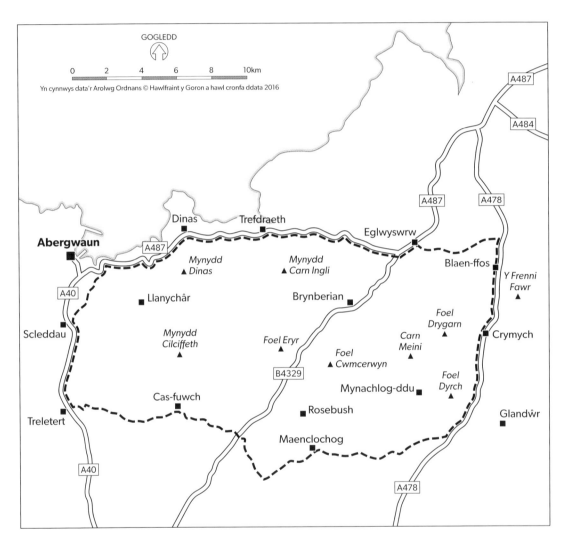

GOGLEDD

0    2    4    6    8    10km

Yn cynnwys data'r Arolwg Ordnans © Hawlfraint y Goron a hawl cronfa ddata 2016

A487

A484

A487    A478

Dinas    Trefdraeth    Eglwyswrw

Abergwaun    A487    Blaen-ffos

*Mynydd*    *Mynydd*
▲ *Dinas*    ▲ *Carn Ingli*    *Y Frenni*
*Fawr*
A40    ▲

Llanychâr    Brynberian    *Foel*
*Drygarn*

Scleddau    *Mynydd*    *Foel Eryr*    *Carn*    ▲    Crymych
*Cilciffeth*    *Meini*
▲    ▲    *Foel*    ▲
▲ *Cwmcerwyn*    *Foel*
*Dyrch*
B4329    Mynachlog-ddu ■    ▲    Glandŵr
Cas-fuwch    ■

Treletert    Rosebush ■

Maenclochog

A40    A478

Yr ardal dan fygythiad

y milwyr,' meddai ei fab, Hefin Parri-Roberts, 'fu'n fodd i'r eglwys ym Methel i brynu llestri cymun at wasanaeth yr oedfaon cymun misol. Rhyfedd o fyd.' Rhyfedd o fyd, yn wir!

Prin yw'r olion ar wyneb y tir o'r cyfnod tywyll hwnnw yn hanes y Preselau. Mae safleoedd pob un o'r chwiloleuadau, megis yr un a safai ym Mwlch-gwynt, wedi hen ddiflannu, ond, mewn mannau, erys rhai o'r patrymau rhigolog a achosid gan symudiadau bataliynau tanciau'r Americanwyr a'r Prydeinwyr a gymerai ran mewn ymarferiadau a oedd ar y pryd yn dra chyfrinachol. Er eu bod yn aneglur, mae'r fath greithiau i'w gweld o hyd ar lethrau Crug-yr-hwch ac ar lechweddau gogleddol y Preselau rhwng Carn Goedog a Charnau Lladron.

Ond nid olion annelwig fyddai i'w gweld heddiw pe bai'r Swyddfa Ryfel wedi mynd ati i sefydlu gwersyll milwrol parhaol ar y Preselau, a hynny cyn diwedd y 1940au. Erbyn mis Tachwedd 1946, cwta ddeunaw mis wedi i'r rhyfel yn Ewrop ddod i ben ar 8 Mai 1945, roedd hi'n ymddangos bod y Swyddfa Ryfel yn bwriadu meddiannu o leiaf 6,475 hectar o'r ucheldir – ac o bosibl gynifer â 23,796 o hectarau – at ddibenion ymarfer rhyfela. Pe gwireddid y cynllun, byddai oddeutu hanner y ffermydd o blith y 204 oddi mewn i diriogaeth arfaethedig y maes ymarfer milwrol yn cael eu difrodi'n llwyr. At hynny, byddai teuluoedd y ffermydd hynny, ynghyd â'u gweision cyflog, yn ddigartref a heb fodd i ennill bywoliaeth. Bygythid hefyd gartrefi a thir 85 o aelodau eglwys Bethel, Mynachlog-ddu, heb sôn am amharu'n ddirfawr ar heddwch a thangnefedd darn o wlad sy'n nodedig am ei harddwch.

Roedd y syniad yn wrthun i'r rhan fwyaf o bobl yr ardal, ac o fewn dim o dro '[bu] i'r ardal gyfan godi mewn gwrthwynebiad'. Croniclwyd hanes llawn y gwrthwynebiad taer hwnnw gan Hefin Wyn yn ei lyfr *Brwydr y Preselau: Yr ymgyrch i ddiogelu bryniau 'sanctaidd' Sir Benfro 1946–1948*, ymgyrch y ceir crynodeb ohoni yng nghyflwyniad yr awdur i'w astudiaeth hynod werthfawr:

O fewn ychydig wythnosau, cynhaliwyd cyfarfodydd di-ri, trefnwyd ymgyrch egnïol a chafwyd cefnogaeth eang gan drwch y boblogaeth yn ogystal â'r mwyafrif o awdurdodau lleol a sefydliadau yn Sir Benfro.

Ar flaen y gad roedd y gweinidogion Anghydffurfiol a'r ysgolfeistri a doedd gan yr arweinwyr ddim ofn mynd â'r frwydr at y gelyn gan gymaint oedd eu sêl a'u hargyhoeddiad dros 'gadw'r ffynnon rhag y baw'. Buan y troes eu hymdrechion yn ymgyrch genedlaethol a orfododd y Llywodraeth i ildio yn y pen draw.

Ymhlith y gweinidogion blaenllaw roedd y Parchg Mathias Davies (Horeb, Maenclochog), Cadeirydd Pwyllgor Amddiffyn Preseli (Pwyllgor Diogelu'r Preselau yn ddiweddarach); y Parchg R. Parri-Roberts (Bethel, Mynachlog-ddu), gŵr y rhoddwyd iddo'r enw 'Gandhi y Preselau' gan y Parchg T. J. Davies mewn ysgrif a gyhoeddwyd yn y gyfrol deyrnged *Ffarwél i'r Brenin*; a'r Parchg Joseph James (Pisgah, Llandysilio). Gŵr blaenllaw iawn arall yn yr ymdrech i ddiogelu'r ucheldir 'rhag gormes y Swyddfa Ryfel' oedd Titus Lewis, prifathro Ysgol Maenclochog ac ysgrifennydd gweithgar a chydwybodol Pwyllgor Diogelu'r Preselau. Yn sicr ddigon, ar ei ysgwyddau ef y disgynnodd y baich trymaf.

Ar 23 Mehefin 1947, chwe mis ar ôl cynnal y cyfarfod cyntaf o Bwyllgor Diogelu'r Preselau ar 30 Tachwedd 1946, rhoes Titus Lewis wybod i aelodau Pwyllgor Gwaith y Pwyllgor Diogelu iddo gael ar ddeall gan Frederick Bellenger, yr Ysgrifennydd Gwladol dros Ryfel am y flwyddyn rhwng Hydref 1946 a Hydref 1947, fod y Swyddfa Ryfel yn barod i ryddhau bro'r Preselau pe bai modd dod o hyd i safle arall a fyddai yr un mor addas. Yna, yn y Swyddfa Ryfel ar 13 Tachwedd 1947, cyfarfu Emanuel Shinwell, yr Ysgrifennydd Gwladol dros Ryfel a olynodd Bellenger, 'â dirprwyaeth niferus o Gymru gyda Titus Lewis yn eu plith'. Ar sail yr adroddiad o'r cyfarfod hwnnw a gyflwynodd Lewis i Bwyllgor Gwaith Pwyllgor Diogelu'r Preselau ar 22 Rhagfyr 1947, ymddangosodd dwy erthygl mewn dau o bapurau newydd yr ardal. 'Yn ôl y ddau adroddiad,' meddai Hefin Wyn yn ei lyfr *Brwydr y Preselau*, 'roedd yna fap anferth ar wal ystafell Emanuel Shinwell yn nodi'r ardaloedd yng Nghymru roedd y Swyddfa Ryfel am eu meddiannu ond doedd y Preselau ddim i'w weld ar y map. Pan holodd Titus Lewis pam nad oedd y Preselau yno, cafodd yr ateb gan y Gweinidog Rhyfel, bod y "Preselau wedi'u hepgor oherwydd cryfder y gwrthwynebiad lleol".'

'Erbyn gwanwyn 1948,' meddai'r panel gwybodaeth sy'n dwyn y teitl 'Brwydr y Preselau' ym maes parcio Bwlch-gwynt, 'ildiodd y Llywodraeth i benderfyniad gwŷr y Preselau'. Eto i gyd, yn ôl Hefin Wyn, 'Ymddengys … na chafodd y Pwyllgor Amddiffyn [Diogelu], hyd y dydd heddiw, y llythyr uniongyrchol hwnnw roedd yr aelodau'n ei fawr ddeisyf yn datgan ildiad y Llywodraeth a fyddai'n eu galluogi i gyhoeddi buddugoliaeth.' Nid bod hynny wedi atal beirdd a llenorion bro'r Preselau rhag cydnabod a dathlu'r fuddugoliaeth a briodolid yn ddigwestiwn i benderfyniad gwŷr a gwragedd y fro a'u harweinwyr. 'Heddiw,' meddai Eirwyn George yn ei gyfrol *Gwŷr Llên Sir Benfro yn yr Ugeinfed Ganrif*, 'wrth edrych ar draws y tirwedd a gweld cannoedd o ddefaid yn pori mewn heddwch ar y tir diffaith rwy'n meddwl yn aml am frwydr galed a digyfaddawd yr heddychwyr i fynd â'r maen i'r wal. Dyma'r ysgogiad y tu ôl i'r englyn "Buddugoliaeth y Preseli":

> Hen gaer y bryniau gerwin – a heriodd
>     Fwlturiaid yr heldrin;
>   Caer o hedd yw'r llethrau crin,
>   Hi faeddodd rym Y Fyddin.'

Ac yn ei gerdd 'Ceidwad y Bryniau', talodd y bardd deyrnged arbennig i dri gwron: Waldo Williams, 'Y proffwyd llednais fu'n herio'r bwystfil dur / Wrth fur cymdogol Foel Drigarn a Charn Gyfrwy'; y Parchg R. Parri-Roberts, 'Beca'r seiadau gwlatgar'; a'r Parchg Joseph James, 'yswain y pulpud Cymraeg':

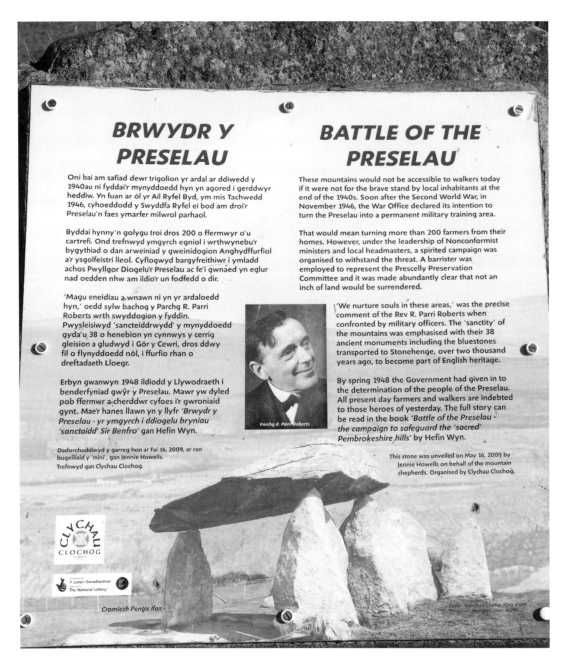

## BRWYDR Y PRESELAU

Oni bai am safiad dewr trigolion yr ardal ar ddiwedd y 1940au ni fyddai'r mynyddoedd hyn yn agored i gerddwyr heddiw. Yn fuan ar ôl yr Ail Ryfel Byd, ym mis Tachwedd 1946, cyhoeddodd y Swyddfa Ryfel ei bod am droi'r Preselau'n faes ymarfer milwrol parhaol.

Byddai hynny'n golygu troi dros 200 o ffermwyr o'u cartrefi. Ond trefnwyd ymgyrch egniol i wrthwynebu'r bygythiad o dan arweiniad y gweinidogion Anghydffurfiol a'r ysgolfeistri lleol. Cyflogwyd bargyfreithiwr i ymladd achos Pwyllgor Diogelu'r Preselau ac fe'i gwnaed yn eglur nad oedden nhw am ildio'r un fodfedd o dir.

'Magu eneidiau a wnawn ni yn yr ardaloedd hyn,' oedd sylw bachog y Parchg R. Parri Roberts wrth swyddogion y fyddin. Pwysleisiwyd 'sancteiddrwydd' y mynyddoedd gyda'u 38 o henebion yn cynnwys y cerrig gleision a gludwyd i Gôr y Cewri, dros ddwy fil o flynyddoedd nôl, i ffurfio rhan o dreftadaeth Lloegr.

Erbyn gwanwyn 1948 ildiodd y Llywodraeth i benderfyniad gwŷr y Preselau. Mawr yw dyled pob ffermwr a cherddwr cyfoes i'r gwroniaid gynt. Mae'r hanes llawn yn y llyfr 'Brwydr y Preselau - yr ymgyrch i ddiogelu bryniau 'sanctaidd' Sir Benfro' gan Hefin Wyn.

Dadorchuddiwyd y garreg hon ar Fai 16, 2009, ar ran bugeiliaid y 'mini', gan Jennie Howells. Trefnwyd gan Clychau Clochog.

## BATTLE OF THE PRESELAU

These mountains would not be accessible to walkers today if it were not for the brave stand by local inhabitants at the end of the 1940s. Soon after the Second World War, in November 1946, the War Office declared its intention to turn the Preselau into a permanent military training area.

That would mean turning more than 200 farmers from their homes. However, under the leadership of Nonconformist ministers and local headmasters, a spirited campaign was organised to withstand the threat. A barrister was employed to represent the Prescelly Preservation Committee and it was made abundantly clear that not an inch of land would be surrendered.

'We nurture souls in these areas,' was the precise comment of the Rev R. Parri Roberts when confronted by military officers. The 'sanctity' of the mountains was emphasised with their 38 ancient monuments including the bluestones transported to Stonehenge, over two thousand years ago, to become part of English heritage.

By spring 1948 the Government had given in to the determination of the people of the Preselau. All present day farmers and walkers are indebted to those heroes of yesterday. The full story can be read in the book 'Battle of the Preselau - the campaign to safeguard the 'sacred' Pembrokeshire hills' by Hefin Wyn.

This stone was unveiled on May 16, 2009 by Jennie Howells on behalf of the mountain shepherds. Organised by Clychau Clochog.

Parchg R. Parri Roberts

CLYCHAU CLOCHOG

Y Loteri Genedlaethol
The National Lottery

Cromlech Pentre Ifan

Panel gwybodaeth ym maes parcio Bwlch-gwynt

Safant yn ddiysgog ym mhorth y cof –
y cewri o gnawd a gododd o'r gramen grin
i lorio duwiau'r fall ar ros Brynberian
a chipio eu treftad
o safn y cŵn.

Cyfeiria W. R. Evans yn benodol at yr un 'cewri' ysbrydoledig yn ei gerdd
'Preseli', sy'n rhan o'r gyfres o gerddi 'Sir Benfro yn Fflam':

Cofeb Waldo

Dychwelodd y gwalch wedi'r rhyfel
Yn ddinesydd câs-lledr-a-het,
I brynu'r Preseli, yn fynydd a chwm,
Yn chwaraele i'r tanc a'r fagnel.
Ond roedd Owain Glyn Dŵr ym Mhant Ithel
Ac Arthur yng Nglyn-saith-maen,
Yn marw losgi dros 'y glendid a fu',
A Parri Bach a'i gyfaill, Jo,
Y parchedigion,
Yn troi eu dyhead yn barabl byw.
Roedd llygaid mawr Waldo yn brotest i gyd
Wrth bwyso ar fur ei febyd,
A'i law dros enau'r ffynnon,
Nes i ddyn y câs-lledr roi'i draed yn y tir,
Rhag yr hud oedd yn drwm dros Ddyfed.

Yn y rhan honno o'i gyfrol *Crwydro Sir Benfro: Yr Ail Ran* sy'n ymdrin â phlwyf Mynachlog-ddu, pwysleisiodd E. Llwyd Williams hefyd pa mor ddyledus y mae'r fro i 'benderfyniad gwŷr y Preselau'. 'Rhaid parchu'r rhanbarth hwn,' meddai, 'am gadw'r traddodiadau anghydffurfiol a gweithredu'n deilwng o fenter Beca ganrif ynghynt. Iddynt hwy y mae'r diolch am y llethrau tawel a'r ffordd agored.'

Er mor ganmoladwy ac egwyddorol oedd y frwydr a ymleddid gan drigolion bro'r Preselau er cadw'r 'mur rhag y bwystfil' a chadw'r 'ffynnon rhag y baw'; er mor daer a phendant yw barn beirdd a llenorion ynghylch pwy 'a faeddodd rym Y Fyddin'; ac er gwaethaf cyfaddefiad honedig Emanuel Shinwell, yr Ysgrifennydd Gwladol dros Ryfel yn y cyfarfod hwnnw a gynhaliwyd yn y Swyddfa Ryfel ar 13 Tachwedd 1947, cyfaddefiad y mae'n wir anodd gwybod faint o goel y dylid ei roi arno, prin yw'r dystiolaeth i glensio'r haeriad mai ymgyrch 'gwŷr y Preselau' a ddarbwyllodd Lywodraeth Clement Attlee i beidio â rhoi sêl ei bendith ar gais y Swyddfa Ryfel.

Cofeb y Parchg R. Parri-Roberts

Cofeb y Parchg Joseph James

Yn ôl Frederick Bellenger, roedd y Swyddfa Ryfel yn chwilio am safle addas arall yn lle'r Preselau. Yr union gofnod a geir yn adroddiad Titus Lewis o'r cyfarfod a gynhaliwyd yn y Swyddfa Ryfel ar 12 Mehefin 1947, a hynny ym mhresenoldeb Bellenger, yr Ysgrifennydd Gwladol dros Ryfel ar y pryd, oedd, 'Mynydd Prescelly, 16,000 acres [6,475 hectar] (an alternative site is being looked for)'. Ond dengys y ffaith na chafodd yr un maes ymarfer milwrol mawr, newydd ei ddynodi yn unman yng ngwledydd Prydain yn ystod y blynyddoedd yn dilyn yr Ail Ryfel Byd na lwyddwyd i gael hyd i safle yn lle'r Preselau. Er hynny, ni chafodd maes ymarfer milwrol ei sefydlu ar yr ucheldir, a hynny, yn ôl pob tebyg, am resymau ariannol. Wedi'r cyfan, erbyn diwedd y rhyfel, roedd coffrau'r wlad y wag. Ymddengys, felly, y bu'n rhaid i'r Swyddfa Ryfel wneud y tro â'r safleoedd a oedd eisoes yn bod yng Nghymru a Lloegr, megis gwersylloedd milwrol a meysydd tanio Castellmartin (2,390 hectar), Pontsenni a'r Epynt (12,000 hectar), Bronaber, Trawsfynydd (3,400 hectar), Otterburn, Northymbria (24,275 hectar), Dartmoor (31,500 hectar) a Gwastadedd Caersallog (38,000 hectar). Yn wir, go brin y byddai'r Llywodraeth wedi gwrthod cydsynio â dymuniadau'r Swyddfa Ryfel pe na bai'n bosibl i'r fyddin ddiwallu ei holl anghenion drwy fanteisio ar y cyfleusterau a oedd eisoes ar gael yn un neu fwy o'r mannau hynny.

Pan sefydlwyd meysydd ymarfer milwrol parhaol Pontsenni a'r Epynt a Chastellmartin ar drothwy'r Ail Ryfel Byd, diystyriwyd pob gwrthwynebiad lleol a chenedlaethol. A phe bai'r Swyddfa Ryfel wedi gallu dangos bod y Preselau yn gwbl hanfodol i'w chynlluniau a diogelwch tybiedig Prydain yn ystod y cyfnod wedi'r rhyfel, byddai'r Llywodraeth, heb os nac oni bai, wedi cydsynio â'i chais, gan droi clust fyddar i leisiau a deisyfiadau taer y gwrthwynebwyr lleol a chenedlaethol, pa mor gyfiawn bynnag eu hachos.

Yn ystod 'Brwydr y Preselau', pwysleisiai nifer o'r rheiny a wrthwynebai ddymuniad y Swyddfa Ryfel y byddai'r cynllun arfaethedig yn bygwth einioes y Gymraeg a Chymreictod dilychwin y fro. Er na chafodd y cynllun ei ganiatáu, cofnodwyd gostyngiad arswydus o gyflym o ran nifer y rhai a siaradai'r iaith ym mro'r Preselau ac, yn bwysicach fyth, yng nghanran y boblogaeth a fedrai'r Gymraeg yn ystod y blynyddoedd yn dilyn yr Ail Ryfel Byd.

Ym mlwyddyn cyfrifiad 1911, a Waldo Williams yn saith oed, ymadawodd ei deulu â Hwlffordd, gan ymgartrefu ym Mynachlog-ddu wedi i'w dad gael ei benodi'n brifathro ysgol y pentref. Saesneg oedd iaith yr aelwyd ac iaith yr addysg a gawsai Waldo yn yr ysgol. Felly, i blant Mynachlog-ddu y rhoes Waldo y diolch am ddysgu'r Gymraeg iddo, 'Yr Iaith a Garaf', chwedl yntau:

> Pan oeddwn blentyn seithmlwydd oed
> Dy lais a dorrodd ar fy nghlyw,
> Fe lamaist ataf, ysgafn-droed,
> Ac wele, deuthum innau'n fyw.

Nid bod sefyllfa'r Gymraeg yn gwbl iach a dibryder hyd yn oed yn ystod plentyndod a llencyndod Waldo. Un a roes fynegiant i'w bryderon parthed dyfodol y Gymraeg oedd John Davies (1872–1923), a aned yn Sunny Hill, Llanfyrnach, ac a adwaenid fel Brynach. Yn ogystal â bod yn fardd, roedd Brynach yn adnabyddus dros gylch eang fel beirniad ac arweinydd ac fel golygydd tudalen y Cymry Cymraeg yn y *Cardigan & Tivyside Advertiser*, y papur newydd wythnosol lleol. Yn ei gerdd 'Cymru ar y Groesffordd', a gyhoeddwyd ymhlith cerddi eraill yn *Awelon Oes sef cofiant a barddoniaeth Brynach* dan olygyddiaeth E. Curig Davies a J. Tegryn Phillips, ceir y pennill dadlennol a ganlyn:

> 'O Gymru! mwrna, mwrna.'
> > Oedd cri'r Hen Ficer gynt,
> A'i rybudd ef atseinia
> > O hyd o'r pedwar gwynt;

Ein mamiaith anwybyddir
   Mewn capel ac mewn llan,
Estroniaith a ddyrchefir,
   Mwmielir hi 'mhob man.

Oedd, roedd yr estroniaith yn graddol ennill ei phlwyf, hyd yn oed yn nyffryn diarffordd Taf a bro anhygyrch Mynachlog-ddu, ardal a oedd mor ymddangosiadol ddi-Saesneg ag yr oedd Hwlffordd yn ddi-Gymraeg yn ystod degawdau cynnar yr ugeinfed ganrif. Ond bellach, nid y Gymraeg sydd ar wefusau holl blant Mynachlog-ddu o bell ffordd; mae'r Saesneg wedi'i hen ddiorseddu. Erbyn heddiw, ymddengys mai iaith ar drothwy dilead yw'r Gymraeg, neu 'iaith ar daith i'w thre-din', chwedl T. James Jones.

Mae'r ddwy ardal etholiadol – Crymych a Maenclochog – sy'n cyfateb yn fras i fro'r Preselau, ardal lle roedd dros 85% o'r boblogaeth yn medru'r Gymraeg ar ddiwedd yr Ail Ryfel Byd, wedi hen beidio â bod yn gadarnle'r iaith. Adeg llunio'r rhagair i'w gyfrol *Cawl Shir Bemro*, casgliad o ysgrifau a cherddi tafodieithol a gyhoeddwyd yn 1986, roedd W. R. Evans yn boenus ymwybodol o'r caswir fod 'Bro Waldo yn cyflym Seisnigeiddio'. Ar achlysur cynnal cyfrifiad 2011, chwarter canrif yn ddiweddarach, prin 60% o drigolion ardal etholiadol Crymych a gofrestrwyd yn siaradwyr Cymraeg. Er na fu fawr ddim newid o ran nifer y rhai a fedrai siarad Cymraeg yn ystod y degawd rhwng cyfrifiad 2001 a chyfrifiad 2011, roedd canran y siaradwyr Cymraeg wedi gostwng o 63.4% i 60.3%. Gwaeth o lawer oedd y sefyllfa ieithyddol yn ardal etholiadol Maenclochog, lle y cofnodwyd gostyngiad yn nifer a chanran y rhai a fedrai siarad Cymraeg yn ystod y degawd 2001–2010. Yn ystod y cyfnod rhyng-gyfrifiadol hwnnw, gostyngodd nifer y siaradwyr Cymraeg 4.8% a'u canran o 55.2% i 47.9%. Iaith y lleiafrif brodorol yn bennaf yw'r Gymraeg yn ardal etholiadol Maenclochog bellach.

Er mwyn i'r Gymraeg fod yn iaith bob dydd unrhyw gymuned neilltuol, mae cymdeithasegwyr iaith yn bendant o'r farn y dylai dros 70% o'r boblogaeth feddu ar y gallu i'w siarad. Ond nid felly y mae hi hyd yn oed yn ardal etholiadol Crymych, sy'n golygu bod y Gymraeg eisoes wedi peidio â bod yn iaith bob dydd trigolion bro'r Preselau. Ys dywedodd Simon Brooks, sylwebydd craff a ffigwr tra adnabyddus a dylanwadol yn y mudiad iaith, 'Dwy iaith a siaredir yng Nghymru heddiw [gan gynnwys bro'r Preselau]: Saesneg a Dwyieitheg … iaith nad yw'n bod ar wahân i'r Saesneg.' Ac 'Ni sylweddolwyd yn Iwerddon, fwy nag yng Nghymru,' meddai J. E. Caerwyn

Dwyieitheg ar waith

Williams yn ei lyfr *Traddodiad Llenyddol Iwerddon*, a gyhoeddwyd dros hanner canrif yn ôl, 'mai breuddwyd gwrach yw delfryd dwyieithedd i wlad fechan pan fo gwareiddiad y byd Eingl-Americanaidd y tu ôl i un iaith a nemor ddim ond delfrydiaeth genedlaethol y tu ôl i'r llall.'

Crymych a Maenclochog yw dau bentref y Preselau, ac yn y naill le a'r llall ceir ysgol gynradd cyfrwng Cymraeg, ysgol lle y mae 'o leiaf 70% o'r addysg drwy gyfrwng y Gymraeg', yn ôl Estyn, Arolygiaeth Ei Mawrhydi dros Addysg a Hyfforddiant yng Nghymru. Felly y dylai hi fod, ond her nid bychan yw creu disgyblion rhugl eu Cymraeg pan fo cyfran sylweddol o'r plant, os nad y mwyafrif helaeth ohonynt, yn dod o gartrefi lle mae'r Saesneg yn brif iaith – onid unig iaith – yr aelwyd. Yn ôl arolwg 2012, 'Daw 50% o'r

Ysgol y Frenni, Crymych

Ysgol Maenclochog

disgyblion [yn Ysgol y Frenni, Crymych] o gartrefi ble siaredir Cymraeg fel prif iaith yr aelwyd'. Yn yr un flwyddyn, cynhaliwyd arolwg o Ysgol Maenclochog. Yno nodwyd bod cyn lleied â '12% o'r disgyblion [yn dod] o gartrefi lle mae'r Gymraeg yn brif iaith', cyn ychwanegu'r sylw sobreiddiol a ganlyn: 'mae'r ffigwr wedi gostwng yn sylweddol ers yr adolygiad diwethaf [a gynhaliwyd yn 2006]'. Yn ieithyddol, unig werddon y fro oedd ysgol fach Llanychllwydog, Cwm Gwaun. Yn ôl arolwg 2013, roedd 'tua 81% o'r [23 disgybl] yn dod o gartrefi lle mae'r Gymraeg yn brif iaith'.

Cynhaliwyd yr arolwg diweddaraf o Ysgol y Preseli, Crymych, sef yr unig ysgol uwchradd 'Gymraeg' yn Sir Benfro yn Nhachwedd 2016. Yn ôl Estyn, 'Daw'r lleiafrif o'r disgyblion (tua 43%) o deuluoedd lle mae'r Gymraeg yn cael ei siarad gartref.' Ymddengys, felly, fod tua 57% o'r disgyblion yn dod o gartrefi lle mae'r Saesneg yn brif iaith.

Ysgol y Preseli, Crymych

Ys dywedodd y bardd-offeiriad R. S. Thomas yn yr araith a draddododd yn Eisteddfod Genedlaethol Môn 1983: 'Y mae'r ysgrifen ar y mur. Dros y blynyddoedd, gwelsom y nifer o Gymry Cymraeg yn lleihau'n sylweddol. Yn y dyfodol, daw'r profiad chwerw, cywilyddus o fod yn alltudion yn eu gwlad eu hun i fwy a mwy o'n pobl ifanc.' Gŵr sydd eisoes yn ingol ymwybodol o faint o'r gloch yw hi ar y Gymraeg ym mro ei febyd, ac sydd wedi rhoi mynegiant i'r profiad dirdynnol y cyfeiriodd RS ato, yw Wyn Owens, y bardd-arlunydd y lluniodd Eirwyn George ysgrif gydymdeimladol, gampus amdano yn ei gyfrol *Gwŷr Llên Sir Benfro yn yr Ugeinfed Ganrif*. Meddai awdur yr ysgrif:

Ardal Mynachlog-ddu, ei thirwedd a'i thraddodiadau, yw milltir sgwâr Wyn Owens. Ond ysywaeth, fe welodd y mewnlifiad estron yn newid ansawdd a theithi'r gymdeithas oedd mor agos at ei galon. Fe welodd yr ysgol leol yn cau; a ffermdai'r gymdogaeth naill ai yn mynd i ddwylo Saeson dŵad neu'n troi'n adfeilion o ganlyniad i'r newid mewn dulliau amaethu.

Profiad torcalonnus, iasol yn hanes y bardd-arlunydd gwladgarol oedd ei throi hi tua thre wedi iddo dreulio peth amser oddi cartref, a rhoes fynegiant iddo yn ei gerdd 'Dychwelyd' yn *Y Patshyn Glas*:

> Eithr yn awr dieithryn wyf,
> Fe welaf, wir, pan elwyf,
> Wynebau heb adnabod
> Yr un, mor chwithig fu'r rhod.
> Nid 'run plwy yw'r plwy mwyach
> Na mangre y bore bach.
> Yn anheddau'r newyddu
> Mae ysbryd 'r hen fywyd fu?
> Onid gwael fu gadael gynt
> Y rhiniog i'r dwyreinwynt
> A rhu'r storm fyn siglo'r stad?
> Anhraethol fy nadrithiad.

Yna yn ei gerdd 'Galargan Plwyf', a geir yn yr un casgliad o gerddi na fu fawr o ddarllen arno ymhlith ei gymdogion gan mai Saeson dŵad yw nifer fawr ohonynt, ymdeimlir â'r boen a deimla'r bardd i'r byw wrth weld 'bro brawdoliaeth' Waldo a'i fro enedigol yntau, a fu gynt yn gadarnle'r Gymraeg, yn cael ei newid a'i chwalu o flaen ei lygaid: 'Bob yn fferm,' meddai, 'daeth Lloegr yn nes.'

Beth sydd ar ôl i'w ddweud? Dim, ac eithrio dyfynnu 'Bro' yn ei chyfanrwydd, y delyneg o eiddo Wyn Owens yn *Y Patshyn Glas* sydd nid yn unig yn ddrych 'o'r hyn a ddigwyddodd yn ardal Mynachlog-ddu yn ystod y degawd diwethaf [sef y 1990au]', fel y dywedodd Eirwyn George, ond o'r hyn a ddigwyddodd hefyd ym mhob un o froydd Cymraeg drylliedig y Gymru wledig fyth oddi ar y 1950au, os nad cyn hynny.

Bro

Beth sydd ar ôl i'w ddweud,
Pan fo'r gwynt dros erwau'r rhos
Mor fain â iaith y chwarae
Ar yr iard?

Pa fodd y canfyddwn eto o dan y cegid,
Alaw yr afon hithau,
Tra bo grŵn y llanw'n corddi
Tros ein mynd a'n dod?

Beth sydd ar ôl i'w wneud,
Ond mwmial ein rhwystredigaeth,
I'w chwalu'n ddarnau gan y gwynt
Uwch erwau'r rhos.

    – Yno, lle mae blodau'r eithin
    Yn eu miloedd
    Eleni mor felyn ag erioed.

    Ac yno lle pawr y ddafad mor ddi-hid
    O'r cyfarth ym mharthau'r
    'Bluestone View'.

# Llyfryddiaeth

Anhysbys, 'Wyn Owens: Arlunydd–fardd y Preseli', *Y Faner Newydd*, Hydref 1999

Atkinson, R. J. C., *Stonehenge: Archaeology and Interpretation*, Penguin Books, 1979

Bradley, R. I., *Soils in Dyfed / Priddoedd yn Nyfed III*, Harpenden, 1976

Brooks, Simon a Roberts, Richard Glyn (goln), *Pa beth aethoch allan i'w achub?*, Gwasg Carreg Gwalch, 2012

Burl, Aubrey, *The Stone Circles of the British Isles*, Yale University Press, 1977

Burl, Aubrey, *Rings of Stone*, Book Club Associates, 1979

Burl, Aubrey, *Great Stone Circles*, Yale University Press, 1999

Burl, Aubrey, *A Guide to the Stone Circles of Britain, Ireland and Brittany*, Yale University Press, 2005

Burrow, Steve, *Cromlechi Cymru*, Llyfrau Amgueddfa Cymru, 2006

Burt, C. E., *et al.*, *Geology of the Fishguard district*, Keyworth, Nottingham: British Geological Survey

CADW, Cyngor Cefn Gwlad Cymru, ICOMOS UK, *Cofrestr o Dirweddau o Ddiddordeb Hanesyddol Eithriadol yng Nghymru*, CADW, 1998

Claughton, Peter, 'Llanfyrnach Silver-Lead Mine', http://people.exeter.ac.uk/pfclaugh/mhinf/llanfyr.htm, 2000

Claughton, Peter, 'Bellstone and Rosebush Slate Quarries', http://people.exeter.ac.uk/pfclaugh/mhinf/slate.htm, 2002

Clydey History Book Association, *Clydey Past, Present and Future / Clydau Gorffennol, Presennol a Dyfodol*, Clydey History Book Association, d.d.

Darvill, Timothy, *Stonehenge: The Biography of a Landscape*, Tempus Publishing, 2007

Darvill, Timothy a Wainwright, Geoffrey, 'Carn Meini a Cherrig Glas y Preseli', yn Wakelin, Peter a Griffiths, Ralph A. (goln), *Trysorau Cudd: Darganfod Treftadaeth Cymru*, Comisiwn Brenhinol Henebion Cymru, 2008

Davies, E. Curig a Phillips, J. Tegryn (goln), *Awelon Oes sef cofiant a barddoniaeth Brynach*, Hughes a'i Fab, 1925

Davies, John, *Hanes Cymru*, The Penguin Press, 1990

Davies, John, *Llunio Cymru*, The History Press, 2009

Downes, John, *Folds, Faults and Fossils: exploring geology in Pembrokeshire*, Llygad Gwalch, 2011

Driver, Toby, *Pembrokeshire: Historic Landscapes from the Air*, Comisiwn Brenhinol Henebion Cymru, 2007

Edwards, Nancy, *A Corpus of Early Medieval Inscribed Stones and Stone Sculpture in Wales: Volume II South-West Wales*, University of Wales Press, 2007

Evans, D. Tyssil, *Cofiant y Parch. Caleb Morris*, Y Brodyr Roberts, Caerdydd, 1900

Evans, Tomi, *Y Twrch Trwyth a Cherddi Eraill*, Gwasg Gomer, 1983

Evans, W. R., *Fi yw Hwn*, Gwasg Christopher Davies, 1980

Evans, W. R., *Awen y Moelydd*, Gwasg Gomer, 1983

Evans, W. R., *Cawl Shir Bemro*, Gwasg Gomer, 1986

Fenton, Richard, *A Historical Tour through Pembrokeshire* (1810), Rare Books Club, 2012

Gale, John, *The Maenclochog Railway*, John Gale, Milford Haven, 1992

George, Eirwyn, *Llynnoedd a cherddi eraill*, Gwasg Gwynedd, 1996

George, Eirwyn, *Meini Nadd a Mynyddoedd*, Gwasg Gomer, 1999

George, Eirwyn, *Gwŷr Llên Sir Benfro yn yr Ugeinfed Ganrif*, Gwasg Gwynedd, 2001

George, Eirwyn (gol.), *Abergwaun a'r Fro,* Christopher Davies, 1986

George, Eirwyn (gol.), *Blodeugerdd y Preselau*, Cyhoeddiadau Barddas, 1995

George, Eirwyn (gol.), *Perci Llawn Pobol*, Carreg Gwalch, 2016

Gruffydd, W. J., *'Dringo'r Mynydd …'*, Hermon, Llanfyrnach, Gwasg Gomer, d.d. [1958]

Gwyn, David, *Llechi Cymru: Archaeoleg a Hanes*, Comisiwn Brenhinol Henebion Cymru, 2015

Hall, G. W., *Metal Mines of Southern Wales*, G. W. Hall Westbury-on-Severn, 1971

Harries, A. Lloyd a Davies, William, *Llwynyrhwrdd: Hanes yr Achos, 1805–1955*, Yr awduron (Gwasg Gomer), 1955

Hopwood, Mererid, *Nes Draw*, Gwasg Gomer, 2015

Hopwood, Mererid (gol.), *Cerddi Sir Benfro*, Gwasg Gomer, 2002

Ifans, Dafydd a Rhiannon, *Y Mabinogion*, Gwasg Gomer, 1980

Ings, Mike, *Medieval and Post-medieval Holy Wells*, Ymddiriedolaeth Archaeolegol Dyfed / CADW, 2011

John, Brian, *The Bluestone Enigma*, Greencroft Books, 2008

John, Brian, Elis-Gruffydd, Dyfed a Downes, John, 'Quaternary Events at Craig Rhosyfelin, Pembrokeshire', *Quaternary Newsletter*, Hydref 2015 (137), tt. 16–32

John, Brian, Elis-Gruffydd, Dyfed a Downes, John, 'Observations on the supposed "Neolithic Bluestone Quarry" at Craig Rhosyfelin, Pembrokeshire', *Archaeology in Wales*, 2015 (54), tt. 139–48

Jones, Idwal Wynne (gol.), *Ffarwel i'r Brenin: Cyfrol Deyrnged R. Parri-Roberts*, Tŷ ar y Graig, 1972

Jones, O. T., 'Cerrig Llwydion Carn Meini', *Y Gwyddonydd*, 1966 (IV), tt. 215–20

Jones, T. R. a George, Eirwyn, *O'r Moelwyn i'r Preselau*, Gwasg Gomer, 1975


Lewis, Colin A. a Richards, Andrew E. (goln), *The glaciations of Wales and adjacent areas*, Logaston Press, 2005

Lewis, E. T. *Mynachlogddu Pembrokeshire: A Guide to Antiquities*, E. T. Lewis, Mynachlog-ddu, 1967

Lewis, E. T., *Mynachlog-ddu*, E. T. Lewis, Mynachlog-ddu, 1969

Lewis, E. T., *North of the Hills*, E. T. Lewis, Mynachlog-ddu, 1972

Lewis, E. T., *Llanfyrnach Parish Lore*, E. T. Lewis, Mynachlog-ddu, d.d. [1969]

Lloyd, Thomas, *et al.*, *The Buildings of Wales: Pembrokeshire*, Yale University Press, 2004

Llwyd, Alan, *Waldo: Cofiant Waldo Williams: 1904–1971*, Y Lolfa, 2014


Miles, Dillwyn (gol.), *Pembrokeshire Coast National Park*, HMSO, 1973

Miles, Dillwyn (gol.), *The Description of Pembrokeshire: George Owen of Henllys*, Gomer Press, 1994

Morris, J. P., *The North Pembroke and Fishguard Railway*, The Oakwood Press, 1969


Nash-Williams, V. E., *The Early Christian Monuments of Wales*, University of Wales Press, 1950


Owens, Wyn, *Y Patshyn Glas*, Cyhoeddiadau Barddas, 2005

Owens, Wyn, *Cywain Geiriau*, Gwasg Peniarth, 2017


Parker Pearson, Mike, *Stonehenge: A New Understanding*, The Experiment, New York, 2013

Parker Pearson, Mike *et al.*, 'Craig Rhos-y-felin: a Welsh bluestone megalith quarry for Stonehenge', *Antiquity*, 2015 (89), tt. 1331–52

Price, M. R. C., *The Whitland & Cardigan Railway*, The Oakwood Press, 1991

Pwyllgor y Mileniwm Bro'r Preselau, *Crymych Dwê a Heddi*, Pwyllgor y Mileniwm Bro'r Preselau (Gwasg Gomer), 2009

Redknap, Mark, *The Christian Celts: Treasures of Late Celtic Wales*, Amgueddfa Genedlaethol Cymru, 1991

Rees, D. Ben (gol.), *Dal i Herio'r Byd*, Cyhoeddiadau Modern Cymreig Cyf., 1983

Rees, Sian, *A Guide to Ancient and Historic Wales: Dyfed*, CADW/HMSO, 1992

Richards, Alun John, *The Slate Quarries of Pembrokeshire*, Gwasg Carreg Gwalch, 1998

Samson, Ray, *Hanes Eglwys Annibynnol Llwyn-yr-hwrdd 1805–2005*, Yr Awdures (E. L. Jones a'i Fab, Aberteifi), 2005

Thomas, Dewi W., *Hynt y Sandalau*, Christopher Davies, d.d. [1972]

Williams, E. Llwyd, *Tir Hela*, Llyfrau'r Dryw, d.d. [1957]

Williams, E. Llwyd, *Crwydro Sir Benfro: Rhan 1*, Christopher Davies, 1958

Williams, E. Llwyd, *Crwydro Sir Benfro: Yr Ail Ran*, Llyfrau'r Dryw, 1960

Williams, J. E. Caerwyn, *Traddodiad Llenyddol Iwerddon*, Gwasg Prifysgol Cymru, 1958

Williams, Waldo, *Dail Pren*, Gwasg Aberystwyth, 1957

Wyn, Hefin, *Brwydr y Preselau: Yr ymgyrch i ddiogelu bryniau 'sanctaidd' Sir Benfro: 1946–1948*, Clychau Clochog, Maenclochog, 2008

Wyn, Hefin (gol.), *Mam-gu, Siân Hwêl a Naomi*, Clychau Clochog, Maenclochog, 2006

Wyn, Hefin (gol.), *O'r Witwg i'r Wern*, Cymdeithas Cwm Cerwyn, 2011

# Mynegai

(gan gynnwys cyfeirnodau grid
cenedlaethol enwau lleoedd)